MISAL DOMINICAL 2025

EVANGELIOS DEL DOMINGO, REFLEXIONES Y ORACIONES

"Hijo mío, atiende a mis palabras, inclina tu oído a mis razones." (Proverbios 4,20)

INSPIRA
VEinspira.com

REGALO ESPECIAL
PARA ESTE
AÑO SANTO

Descarga GRATIS una poderosa oración para fortalecer tu fe en este Año Santo. Descárgala gratis y comienza cada día con bendición y propósito

Escanea el código QR y recibe tu regalo espiritual al instante

VEinspira.com/Jubileo2025

INSPIRA

Evangelios 2025 – Misal dominical

Primera edición – Año 2025
Publicado por **VE Inspira**
 www.veinspira.com

ISBN: 9798310615656

Sobre los Textos Bíblicos
Los evangelios contenidos en este misal han sido tomados de versiones de dominio público de la Sagrada Escritura, como la **Biblia Reina-Valera 1909, la Biblia Torres Amat (1825) y la Biblia Felipe Scío de San Miguel**.

Se han hecho **pequeñas adaptaciones lingüísticas** para mejorar la comprensión y facilitar la lectura devocional, sin alterar el significado original de los textos sagrados.
Este misal **no es un texto litúrgico oficial de la Iglesia Católica**, sino un recurso devocional diseñado para fortalecer la vida espiritual del lector.

Créditos
Diseño de portada y maquetación: VE Inspira
Ilustraciones: Creaciones digitales exclusivas de VE Inspira
Corrección y edición: VE Inspira

Descargo de Responsabilidad
Este libro ha sido elaborado con el propósito de fortalecer la vida espiritual del lector. No sustituye la asistencia a la Santa Misa ni el acompañamiento de guías espirituales autorizados. Las reflexiones y oraciones aquí contenidas buscan ser una ayuda devocional para la meditación y el crecimiento en la fe.

Este libro no es un misal litúrgico oficial ni reemplaza ninguna publicación de la Iglesia Católica. Su propósito es servir como un recurso devocional personal.

Un Encuentro con Jesús cada Domingo

"No solo de pan vive el hombre, sino de toda palabra que sale de la boca de Dios." (Mateo 4,4)

Cada domingo, la Iglesia nos invita a reunirnos en comunidad para celebrar el misterio del amor de Dios a través de la Santa Misa. Es en la proclamación del Evangelio donde encontramos el mensaje vivo de Jesús, que ilumina nuestro camino y nos ayuda a renovar nuestro compromiso con la fe.

Este Misal Dominical 2025 está diseñado para acompañarte a lo largo del año litúrgico, ofreciéndote una manera sencilla y profunda de prepararte para cada celebración dominical. Aquí encontrarás los Evangelios de cada domingo, junto con una reflexión inspiradora y una oración breve, que te ayudarán a meditar sobre la Palabra de Dios y a aplicarla en tu vida cotidiana.

¿Cómo usar este misal durante el año litúrgico?

El año litúrgico es un camino espiritual que nos conduce a vivir con mayor profundidad los misterios de nuestra fe. Cada mes está marcado por tiempos especiales que nos acercan a Dios y nos ayudan a crecer en nuestra relación con Él.

Antes del domingo

Tómate unos minutos para leer el evangelio correspondiente. Pregunta en tu corazón: ¿Qué me dice hoy Jesús a través de su Palabra?

Durante la Misa

Escucha el Evangelio con atención y deja que resuene en tu interior. Al recibir la Comunión, ofrece a Dios tus preocupaciones y peticiones.

Después de la Misa

Reflexiona sobre el mensaje del evangelio y piensa en una acción concreta para vivirlo en la semana. Usa el espacio para notas y anota aquello que el Espíritu Santo inspire en tu corazón.

Descubre la Sabiduría de los Ciclos Litúrgicos

¿Sabías que la Iglesia organiza las lecturas de la Santa Misa siguiendo un plan que nos permite recorrer toda la riqueza de la Palabra de Dios en tres años? Este maravilloso sistema se llama **Ciclos Litúrgicos**, y está diseñado para que los fieles puedan experimentar el mensaje de amor, esperanza y salvación desde diferentes perspectivas, mientras caminan junto a Cristo en su vida diaria.

Los **Ciclos Litúrgicos** nos ayudan a vivir plenamente los tiempos litúrgicos (Adviento, Navidad, Cuaresma, Pascua y Tiempo Ordinario), permitiéndonos reflexionar sobre los diferentes momentos del plan salvífico de Dios. Cada ciclo está relacionado con un evangelio principal, ofreciendo un enfoque único para cada año.

Los Tres Ciclos de los Domingos: A, B y C

- **Ciclo A**: Se centra en el Evangelio según San Mateo, destacando la enseñanza moral de Jesús y su llamado a vivir en el Reino de los Cielos.

- **Ciclo B**: Este ciclo está dedicado principalmente al Evangelio según San Marcos, el más breve, pero lleno de acción y enfoque en la humanidad de Cristo.

- **Ciclo C**: El ciclo del **2025**, que nos invita a profundizar en el Evangelio según San Lucas, conocido por su énfasis en la misericordia, la oración y la compasión de Jesús por los más vulnerables.

A lo largo de tres años, estos ciclos nos ofrecen una visión completa de la vida y misión de Cristo, enriqueciendo nuestra fe con cada lectura.

Los Ciclos para los Días de Semana: Ciclo I y Ciclo II

Además de los ciclos dominicales, la Iglesia organiza las lecturas de los días de semana en un sistema de dos años:

- **Ciclo I**: Se utiliza en los años impares, como **2025**, y nos lleva a recorrer los textos del Antiguo Testamento, las cartas de los apóstoles y los evangelios de manera estructurada.

- **Ciclo II**: Se emplea en los años pares, complementando las lecturas para que en dos años podamos escuchar gran parte de la Sagrada Escritura.

2025: Un Año para Escuchar y Reflexionar

En el **2025**, estaremos inmersos en el **Ciclo C para los domingos**, guiados por el mensaje de San Lucas, y en el **Ciclo I para los días de semana**, que nos ofrece una mirada amplia y profunda a la Palabra de Dios. Este esquema nos ayudará a vivir más conscientemente el calendario litúrgico, acompañando los tiempos de celebración, penitencia y alegría.

A través de estos ciclos, la Iglesia nos lleva de la mano en un camino espiritual que nos permite descubrir a Cristo desde diferentes ángulos y profundizar en Su mensaje eterno. Que este año sea una oportunidad para dejarte transformar por Su Palabra y abrir tu corazón al amor y la misericordia de Dios.

Ora en Comunidad con el Corazón de la Iglesia

¿Te has preguntado alguna vez cómo podemos unirnos como Iglesia Universal en oración, incluso estando en diferentes partes del mundo? Las **intenciones mensuales del Papa** son la respuesta a esa pregunta. Cada mes, el Santo Padre nos invita a orar por necesidades específicas de la humanidad y de la Iglesia, recordándonos que nuestra fe no solo transforma nuestras vidas, sino que también tiene el poder de cambiar el mundo.

Esta tradición, que tiene sus raíces en el Apostolado de la Oración (ahora llamado **Red Mundial de Oración del Papa**), nos conecta con los anhelos del corazón de la Iglesia y con las preocupaciones del mundo. Cada intención, cuidadosamente discernida por el Papa, nos invita a mirar más allá de nosotros mismos y a dirigir nuestra oración hacia temas de gran relevancia espiritual, social y humana.

¿Por Qué Son Importantes las Intenciones del Papa?

Las intenciones mensuales no son solo una invitación a orar, sino también un llamado a actuar. Nos animan a vivir nuestra fe de manera concreta, siendo instrumentos de paz, justicia y amor en el mundo. Al reflexionar y orar por estas intenciones, recordamos que formamos parte de una Iglesia viva y en comunión, comprometida con los más necesitados y con los grandes desafíos de nuestra época.

En cada intención, encontramos una oportunidad para:

- **Abrir nuestro corazón**: Reconocer que nuestra oración puede ser un puente de gracia para los demás.

- **Unirnos en comunidad**: Saber que millones de personas alrededor del mundo están orando por la misma causa.

- **Reflexionar y actuar**: Identificar cómo podemos, en nuestra vida cotidiana, responder a los llamados del Santo Padre.

Intenciones del Papa para 2025

Durante este año tan especial, marcado por el **Jubileo 2025**, el Papa nos invita a profundizar en temas clave que reflejan la misericordia y el amor de Dios. Cada mes, este libro incluye la intención oficial, acompañada de un espacio para reflexionar sobre cómo puedes vivirla y unirte a esta oración mundial.

Por ejemplo:

- En **enero**, se nos invita a orar por el derecho a la educación, pidiendo que migrantes, refugiados y afectados por las guerras puedan tener acceso a esta herramienta esencial para construir un mundo mejor.

- En otros meses, las intenciones nos llevarán a reflexionar sobre el cuidado del medio ambiente, la dignidad de los trabajadores, y el fortalecimiento de la familia.

Estas intenciones son una brújula espiritual que nos ayuda a enfocar nuestra oración en las necesidades más urgentes, recordándonos que, como Iglesia, somos llamados a ser luz para el mundo.

Que este libro sea para ti una guía para orar con el Papa, vivir en comunión con la Iglesia Universal y descubrir el poder de la oración como una fuerza transformadora. Recuerda que, cuando te unes a estas intenciones, no solo estás rezando; estás siendo parte activa de la misión de Cristo en el mundo.

El Jubileo 2025: Un Tiempo de Gracia y Esperanza

¿Sabías que el Jubileo es una tradición milenaria en la Iglesia, un tiempo de renovación espiritual y reconciliación? En el año 2025, el Papa Francisco nos invita a vivir un Jubileo Ordinario, un evento que nos llama a redescubrir la misericordia infinita de Dios y a convertirnos en peregrinos de esperanza.

¿Qué es el Jubileo?

El Jubileo es un **Año Santo**, proclamado por la Iglesia, donde los fieles son invitados a profundizar en su fe, vivir con mayor intensidad las obras de misericordia y reconciliarse con Dios. Durante este tiempo especial, se abre la **Puerta Santa** en Roma y en muchas otras iglesias designadas, simbolizando el acceso a la gracia y la misericordia divina.

El tema del Jubileo 2025, **"Peregrinos de Esperanza"**, nos recuerda la importancia de caminar juntos como Iglesia, reconociendo la presencia salvífica de Dios en nuestra vida diaria. Este tema conecta directamente con el mensaje de los evangelios, que nos animan a vivir con fe activa y esperanza, incluso en medio de los desafíos.

Elementos Claves del Jubileo 2025

1. **La Indulgencia Plenaria**:

   - Los fieles que participen en el Jubileo, siguiendo las condiciones establecidas (confesión, comunión, oración por las intenciones del Papa, y una obra de misericordia), podrán obtener el perdón completo de las penas temporales causadas por sus pecados.

   - Esta indulgencia también puede ser ofrecida en sufragio por las almas del purgatorio.

2. **Las Peregrinaciones**:

   o Los peregrinos son llamados a visitar lugares santos, como la Basílica de San Pedro en Roma o iglesias designadas en cada diócesis, para experimentar la gracia de la reconciliación.

   o Estas peregrinaciones son un signo tangible del compromiso de caminar hacia Dios.

3. **Obras de Misericordia**:

   o El Jubileo nos invita a redescubrir las obras de misericordia corporales y espirituales, como alimentar al hambriento, vestir al desnudo, consolar al triste y perdonar las ofensas.

   o Estas acciones reflejan el amor de Cristo en el mundo.

Conexión con los Evangelios

El mensaje central del Jubileo se entrelaza con el llamado de los evangelios a la conversión y la reconciliación. Jesús nos enseña a ser luz para el mundo y a vivir en comunión con nuestros hermanos. Este Año Santo es una oportunidad para profundizar en esos valores y hacerlos vida en nuestro día a día.

Cómo Participar en el Jubileo

1. **Abrir el Corazón a la Gracia de Dios**:

   o Confesión y Comunión son los pilares para vivir plenamente este año de gracia.

2. **Orar con el Papa y la Iglesia Universal**:

   o Unirse a las intenciones mensuales y rezar por la paz y la unidad.

3. **Realizar Peregrinaciones u Obras de Misericordia**:

- ○ Si no puedes viajar, las obras de caridad en tu comunidad son una forma de vivir el Jubileo.

Este Jubileo no es solo un evento, es un llamado a ser signos tangibles de esperanza para los demás. Que este Año Santo sea para ti una oportunidad de conversión, reconciliación y alegría en el Señor.

Oración Del Jubileo

Padre que estás en el cielo,
la fe que nos has donado en
tu Hijo Jesucristo, nuestro hermano,
y la llama de caridad
infundida en nuestros corazones por el Espíritu Santo,
despierten en nosotros la bienaventurada esperanza
en la venida de tu Reino.
Tu gracia nos transforme
en dedicados cultivadores de las semillas del Evangelio
que fermenten la humanidad y el cosmos,
en espera confiada
de los cielos nuevos y de la tierra nueva,
cuando vencidas las fuerzas del mal,
se manifestará para siempre tu gloria.
La gracia del Jubileo
reavive en nosotros, Peregrinos de Esperanza,
el anhelo de los bienes celestiales
y derrame en el mundo entero
la alegría y la paz
de nuestro Redentor.
A ti, Dios bendito eternamente,
sea la alabanza y la gloria por los siglos. Amén.

Papa Francisco

Oraciones que Iluminan el Camino

¿Alguna vez has sentido que las palabras faltan cuando quieres hablar con Dios? Las oraciones son una forma hermosa y sencilla de abrir nuestro corazón a Su amor. A lo largo de los siglos, la Iglesia nos ha regalado un tesoro de oraciones que nos guían en diferentes momentos de nuestra vida espiritual, ayudándonos a expresar nuestra fe, nuestra gratitud y nuestras peticiones.

En esta sección, encontrarás oraciones esenciales que te acompañarán en tu camino diario. Desde la Comunión Espiritual, para cuando no puedas recibir el Cuerpo de Cristo, hasta plegarias que enriquecen tus días, estas palabras son un recordatorio de que Dios siempre escucha y está contigo.

Que estas oraciones te sirvan como puente para acercarte más a Él, fortalecer tu relación con el Padre, y vivir cada día con la certeza de Su presencia amorosa. Repite estas oraciones con fe y confía en que, a través de ellas, el Señor tocará tu corazón.

Ven Santo Espíritu

Ven, Espíritu divino,
manda tu luz desde el cielo.
Padre amoroso del pobre;
don, en tus dones espléndido;
luz que penetra las almas;
fuente del mayor consuelo.
Ven, dulce huésped del alma,
descanso de nuestro esfuerzo,
tregua en el duro trabajo,
brisa en las horas de fuego,
gozo que enjuga las lágrimas
y reconforta en los duelos.
Entra hasta el fondo del alma,
divina luz, y enriquécenos.
Mira el vacío del hombre,
si tú le faltas por dentro;

mira el poder del pecado,
cuando no envías tu aliento.
Riega la tierra en sequía,
sana el corazón enfermo,
lava las manchas,
infunde calor de vida en el hielo,
doma el espíritu indómito,
guía al que tuerce el sendero.
Reparte tus siete dones,
según la fe de tus siervos;
por tu bondad y tu gracia,
dale al esfuerzo su mérito;
salva al que busca salvarse
y danos tu gozo eterno. Amén.

Comunión espiritual

Creo, Jesús mío,
que estáis realmente presente en el Santísimo Sacramento del Altar.
Os amo sobre todas las cosas
y deseo recibiros en mi alma.
Pero como ahora no puedo recibiros sacramentado,
venid a lo menos espiritualmente a mi corazón.
Y como si ya os hubiese recibido,
os abrazo y me uno del todo a Ti.
Señor, no permitas que jamás
Me aparte de Ti. Amén.
(San Alfonso María de Ligorio)

A vuestros pies, ¡oh, mi Jesús!,
me postro y os ofrezco
el arrepentimiento de mi corazón contrito,
que se hunde en la nada ante vuestra santísima presencia.
Yo os adoro en el Sacramento de vuestro amor,
la inefable Eucaristía,
y deseo recibiros en la pobre morada
que os ofrece el alma mía.
Esperando la felicidad de la comunión sacramental,
yo quiero poseeros en espíritu.
Venid a mí, puesto que yo voy a Vos,
¡oh, Jesús mío!,

y que vuestro amor inflame todo mi ser
en la vida y en la muerte.
Creo en Vos y espero en Vos.
Así sea.
(Cardenal Rafael Merry del Val)

Oración de Santo Tomás de Aquino

Omnipotente y sempiterno Dios, he aquí que me acerco al sacramento de tu unigénito Hijo Jesucristo, Señor nuestro; me acerco como un enfermo al médico de la vida, como un inmundo a la fuente de la misericordia, como un ciego a la luz de la claridad eterna, como un pobre y necesitado al Señor de cielos y tierra.

Imploro la abundancia de tu infinita generosidad para que te dignes curar mi enfermedad, lavar mi impureza, iluminar mi ceguera, remediar mi pobreza y vestir mi desnudez, para que me acerque a recibir el Pan de los ángeles, al Rey de reyes y Señor de señores, con tanta reverencia y humildad, con tanta contrición y piedad, con tanta pureza y fe, y con tal propósito e intención como conviene a la salud de mi alma.

Te pido que me concedas recibir no sólo el sacramento del cuerpo y de la sangre del Señor, sino la gracia y la virtud de ese sacramento. Oh, Dios benignísimo, concédeme recibir el cuerpo de tu unigénito Hijo Jesucristo, Señor nuestro, nacido de la Virgen María, de tal modo que merezca ser incorporado a su cuerpo místico y contado entre sus miembros. Oh, Padre amantísimo, concédeme contemplar eternamente a tu querido Hijo, a quien, bajo el velo de la fe, me propongo recibir ahora.

Bajo tu protección

Bajo tu amparo nos acogemos,
Santa Madre de Dios;
no deseches las súplicas
que te dirigimos

en nuestras necesidades;
antes bien, líbranos siempre
de todo peligro,
¡Oh, Virgen gloriosa y bendita!

Alma de Cristo

Alma de Cristo, santifícame.
Cuerpo de Cristo, sálvame.
Sangre de Cristo, embriágame.
Agua del costado de Cristo, lávame.
Pasión de Cristo, confórtame.
¡Oh, buen Jesús!, óyeme.
Dentro de tus llagas, escóndeme.
No permitas que me aparte de Ti.
Del maligno enemigo, defiéndeme
En la hora de mi muerte, llámame.
Y mándame ir a Ti.
Para que con tus santos te alabe.
Por los siglos de los siglos. Amén

El Corazón de Nuestra Fe:
La Santa Misa

¿Sabías que cada vez que participas en la Santa Misa estás presenciando el acto más grande de amor que jamás haya existido? En la Eucaristía, celebramos el sacrificio de Cristo, quien se entrega por nosotros y nos invita a unirnos a Él en un encuentro profundo con Dios.

El Ordinario de la Misa recoge las partes invariables de esta celebración sagrada, aquellas oraciones y respuestas que nos unen como comunidad de fe, sin importar en qué lugar del mundo estemos. Estas palabras han sido pronunciadas por generaciones de creyentes, transformando los corazones y elevando las almas hacia el cielo.

En esta sección, encontrarás los textos esenciales para participar plenamente en la Misa, desde el Rito de Inicio hasta el Rito de Despedida. Estas oraciones no solo nos preparan para recibir a Cristo en la Eucaristía, sino que también nos envían al mundo renovados y fortalecidos para vivir Su mensaje en nuestra vida diaria.

Que el Ordinario de la Misa te ayude a interiorizar el misterio de la fe y a vivir con gratitud el gran regalo de la presencia real de Cristo en la Eucaristía.

RITOS INICIALES

Antífona de Entrada

Recibimos al sacerdote de pie, mientras se acerca al altar y lo besa. En el ara del altar, que simboliza el lugar del sacrificio, suelen estar depositadas reliquias de santos. Si no se canta un himno, se recita la **Antífona de Entrada** correspondiente al día.

El sacerdote comienza:

En el nombre del Padre, y del Hijo, y del Espíritu Santo.

El pueblo responde:

Amén.

El sacerdote saluda a los fieles con una de estas opciones:

1. **El Señor esté con vosotros.**

   o Y con tu espíritu.

2. **La gracia de nuestro Señor Jesucristo, el amor del Padre y la comunión del Espíritu Santo estén con todos vosotros.**

   o Y con tu espíritu.

3. (En Tiempo Pascual): **El Dios de la vida, que ha resucitado a Jesucristo, rompiendo las ataduras de la muerte, esté con todos vosotros.**

   o Y con tu espíritu.

El sacerdote lee la antífona del día.

Acto Penitencial

El sacerdote invita a los fieles a reconocer sus pecados:

Hermanos, para celebrar dignamente estos sagrados misterios, reconozcamos nuestros pecados.

Tras un breve silencio, todos rezan:

Yo confieso ante Dios todopoderoso y ante vosotros, hermanos, que he pecado mucho de pensamiento, palabra, obra y omisión. (Llevando la mano al pecho): **Por mi culpa, por mi culpa, por mi gran culpa.**

Por eso ruego a Santa María, siempre Virgen, a los ángeles, a los santos y a vosotros, hermanos, que intercedáis por mí ante Dios, nuestro Señor.

El sacerdote concluye con la absolución:

Dios todopoderoso tenga misericordia de nosotros, perdone nuestros pecados y nos lleve a la vida eterna.

El pueblo responde:

Amén.

Kyrie

El sacerdote y el pueblo alternan las invocaciones:

Señor, ten piedad.

- Señor, ten piedad.
  Cristo, ten piedad.

- Cristo, ten piedad.
  Señor, ten piedad.

- Señor, ten piedad.

(Otra forma opcional con desagravios):

Tú que has enviado a sanar los corazones afligidos:

- Señor, ten piedad.
  Tú que has venido a llamar a los pecadores:

- Cristo, ten piedad.
  Tú que estás sentado a la derecha del Padre para interceder por nosotros:

- Señor, ten piedad.

Gloria (En domingos fuera de Adviento y Cuaresma, y en solemnidades y fiestas)

**Gloria a Dios en el cielo,
y en la tierra paz a los hombres que ama el Señor.
Por tu inmensa gloria te alabamos, te bendecimos,**

te adoramos, te glorificamos, te damos gracias,
Señor Dios, Rey celestial,
Dios Padre todopoderoso.

Señor, Hijo único, Jesucristo,
Señor Dios, Cordero de Dios, Hijo del Padre;
tú que quitas el pecado del mundo,
ten piedad de nosotros;
tú que quitas el pecado del mundo,
atiende nuestra súplica;
tú que estás sentado a la derecha del Padre,
ten piedad de nosotros;

porque solo tú eres Santo,
solo tú, Señor,
solo tú, Altísimo Jesucristo,
con el Espíritu Santo
en la gloria de Dios Padre. Amén.

Oración Colecta

El sacerdote invita a la oración:

Oremos.

Se guarda un breve silencio, tras el cual el sacerdote recita la **Oración Colecta** propia del día. Al finalizar, el pueblo responde:

Amén.

Liturgia de la Palabra

Primera Lectura (Sentados)

Se toma de la Escritura, normalmente del Antiguo Testamento, excepto en Tiempo Pascual (Hechos de los Apóstoles). Al concluir, quien lee proclama:

Palabra de Dios.

El pueblo responde:

Te alabamos, Señor.

Salmo Responsorial

Un lector o cantor proclama los versos del Salmo, mientras el pueblo responde con el estribillo correspondiente. El salmo puede ser cantado o recitado.

Segunda Lectura (Domingos y solemnidades)

Se toma del Nuevo Testamento, generalmente de las cartas apostólicas. Al concluir, quien lee proclama:

Palabra de Dios.

El pueblo responde:

Te alabamos, Señor.

Evangelio (De pie)

El sacerdote introduce la lectura:

El Señor esté con vosotros.

El pueblo responde:

Y con tu espíritu.

Lectura del santo evangelio según San [Nombre].

El pueblo responde:

Gloria a ti, Señor.

Al finalizar la lectura:

Palabra del Señor.

El pueblo responde:

Gloria a ti, Señor Jesús.

El sacerdote besa el Evangeliario, diciendo en voz baja:

Que las palabras del evangelio borren nuestros pecados.

Liturgia Eucarística

Presentación de las Ofrendas (Sentados)

El sacerdote toma el pan y lo ofrece, diciendo en voz alta:

Bendito seas, Señor, Dios del universo, por este pan, fruto de la tierra y del trabajo del hombre, que recibimos de tu generosidad y ahora te presentamos: él será para nosotros pan de vida.

El pueblo responde:

Bendito seas por siempre, Señor.

Luego, el sacerdote toma el cáliz con vino y añade una pequeña cantidad de agua, mientras reza en secreto:

Por el misterio de esta agua y este vino, haz que compartamos la divinidad de quien se ha dignado participar de nuestra humanidad.

Luego, eleva el cáliz y dice:

Bendito seas, Señor, Dios del universo, por este vino, fruto de la vid y del trabajo del hombre, que recibimos de tu generosidad y ahora te presentamos: él será para nosotros bebida de salvación.

El pueblo responde:

Bendito seas por siempre, Señor.

El sacerdote, inclinado, dice en secreto:

Acepta, Señor, nuestro corazón contrito y nuestro espíritu humilde; que este sea hoy nuestro sacrificio y sea agradable en tu presencia, Señor, Dios nuestro.

Luego, el sacerdote se lava las manos mientras dice en secreto:

Lava del todo mi delito, Señor, limpia mi pecado.

Finalmente, de pie en el altar, invita a la asamblea a la oración:

Orad, hermanos, para que este sacrificio mío y vuestro sea agradable a Dios, Padre todopoderoso.

El pueblo responde:

El Señor reciba de tus manos este sacrificio, para alabanza y gloria de su nombre, para nuestro bien y el de toda su santa Iglesia.

Oración sobre las Ofrendas

El sacerdote dice la **Oración sobre las Ofrendas** correspondiente al día. Al final, el pueblo responde:

Amén.

Plegaria Eucarística

Diálogo Inicial

El sacerdote introduce la Plegaria Eucarística con este diálogo solemne:

El Señor esté con vosotros.

- Y con tu espíritu.
  Levantemos el corazón.

- Lo tenemos levantado hacia el Señor.
  Demos gracias al Señor, nuestro Dios.

- Es justo y necesario.

Prefacio

El sacerdote proclama el **Prefacio**, una oración de alabanza y acción de gracias que varía según la celebración. Al finalizar, todos cantan o recitan el **Santo**:

Santo, Santo, Santo es el Señor, Dios del universo.
Llenos están el cielo y la tierra de tu gloria.
Hosanna en el cielo.
Bendito el que viene en nombre del Señor.
Hosanna en el cielo.

Consagración

El sacerdote recita la **Plegaria Eucarística II** (la más breve y comúnmente utilizada), que incluye las palabras de la institución:

Tomen y coman todos de él, porque esto es mi Cuerpo, que será entregado por ustedes.

Luego, eleva la hostia consagrada en silencio, mostrándola al pueblo.

De igual manera, consagra el cáliz:

Tomen y beban todos de él, porque este es el cáliz de mi Sangre, Sangre de la alianza nueva y eterna, que será derramada por ustedes y por muchos para el perdón de los pecados. Hagan esto en conmemoración mía.

El sacerdote eleva el cáliz y luego proclama:

Éste es el Sacramento de nuestra fe.

El pueblo responde con una de las aclamaciones previstas, como:

Anunciamos tu muerte, proclamamos tu resurrección. ¡Ven, Señor Jesús!

Doxología Final

Al concluir la Plegaria Eucarística, el sacerdote eleva la patena con el Cuerpo de Cristo y el cáliz, y proclama:

Por Cristo, con él y en él, a ti, Dios Padre omnipotente, en la unidad del Espíritu Santo, todo honor y toda gloria por los siglos de los siglos.

El pueblo responde:

Amén.

Rito de Comunión

Padrenuestro

El sacerdote invita a rezar la oración que Jesús enseñó:

Fieles a la recomendación del Salvador y siguiendo su divina enseñanza, nos atrevemos a decir:

Todos juntos rezan:

Padre nuestro que estás en el cielo, santificado sea tu Nombre; venga a nosotros tu reino; hágase tu voluntad en la tierra como en el cielo. Danos hoy nuestro pan de cada día; perdona nuestras ofensas, como también nosotros perdonamos a los que nos ofenden; no nos dejes caer en la tentación y líbranos del mal.

El sacerdote continúa:

Líbranos de todos los males, Señor, y concédenos la paz en nuestros días, para que, ayudados por tu misericordia, vivamos siempre libres de pecado y protegidos de toda perturbación, mientras esperamos la gloriosa venida de nuestro Salvador Jesucristo.

El pueblo concluye:

Tuyo es el reino, tuyo el poder y la gloria, por siempre, Señor.

Rito de la Paz

El sacerdote invita a compartir la paz:

Señor Jesucristo, que dijiste a tus apóstoles: "La paz les dejo, mi paz les doy", no tengas en cuenta nuestros pecados, sino la fe de tu Iglesia, y conforme a tu palabra concédenos la paz y la unidad. Tú que vives y reinas por los siglos de los siglos.

El pueblo responde:

Amén.

El sacerdote añade:

La paz del Señor esté siempre con vosotros.

- Y con tu espíritu.
  Dense fraternalmente la paz.

Cordero de Dios

Mientras el sacerdote parte el Pan, todos recitan o cantan:

Cordero de Dios, que quitas el pecado del mundo, ten piedad de nosotros.
Cordero de Dios, que quitas el pecado del mundo, ten piedad de nosotros.
Cordero de Dios, que quitas el pecado del mundo, danos la paz.

Comunión

El sacerdote eleva la hostia y dice:

Éste es el Cordero de Dios, que quita el pecado del mundo. Dichosos los invitados a la cena del Señor.

El pueblo responde:

Señor, no soy digno de que entres en mi casa, pero una palabra tuya bastará para sanarme.

Tras comulgar, se guarda un momento de silencio o se canta un himno de acción de gracias.

Rito de Conclusión

El sacerdote despide a la asamblea con la bendición final:

El Señor esté con vosotros.

- Y con tu espíritu.

La bendición de Dios todopoderoso, Padre, Hijo y Espíritu Santo, descienda sobre vosotros.

El pueblo responde:

Amén.

El sacerdote concluye:

Podéis ir en paz.

El pueblo responde:

Demos gracias a Dios.

"Y al ver la estrella, se llenaron de una inmensa alegría" (Mt 2,10). Los Reyes Magos nos recuerdan que todo corazón sincero que busca a Dios, lo encuentra. La luz de Cristo nos invita a adorarlo con humildad.

ENERO

LA EPIFANÍA DEL SEÑOR

¿Puede haber un comienzo más pleno que poner el año en manos de Dios? Enero nos invita a iniciar nuestro camino anual con la mirada fija en Cristo, recordando que Él es la luz que guía nuestros pasos. Este mes, marcado por la solemnidad de **Santa María, Madre de Dios**, y la celebración de la **Epifanía del Señor**, nos llama a reflexionar sobre la revelación de Dios al mundo y el papel de María como portadora de esperanza.

La liturgia de este mes nos habla de un Dios que no solo se manifiesta a Su pueblo elegido, sino que se da a conocer a toda la humanidad. La **Epifanía** nos recuerda que Cristo es luz para todas las naciones, y nos desafía a ser reflejo de esa luz en nuestras comunidades, especialmente en un mundo necesitado de verdad, paz y justicia.

En este inicio de año, también celebramos el **Bautismo del Señor**, donde Jesús se solidariza con la humanidad al recibir el bautismo de Juan. Este acto nos invita a recordar nuestro propio bautismo y a renovar nuestro compromiso de vivir como hijos amados de Dios.

Preguntas para Reflexión:

- ¿Cómo puedo ser un reflejo de la luz de Cristo en mi vida diaria?

- ¿De qué manera estoy llamado a anunciar la Buena Nueva, como los magos llevaron sus dones a Jesús?

- ¿Qué propósitos espirituales quiero establecer para este año?

Propósito del Mes: Que este enero sea un tiempo para confiar en los planes de Dios, abrir el corazón a Su luz, y comenzar el año con la certeza de que caminamos bajo Su amor infinito.

CALENDARIO LITÚRGICO - ENERO 2025

Domingo	Lunes	Martes	Miércoles	Jueves	Viernes	Sábado
			1 Santa María, Madre de Dios	2 San Basilio Magno y San Gregorio Nacianceno	3 El Santísimo Nombre de Jesús	4 Santa Isabel Ana Seton
5 San Juan Neumann	6 Epifanía del Señor	7 San Raimundo de Peñafort	8	9	10	11
12 Bautismo del Señor	13 San Hilario de Poitiers	14	15	16	17 San Antonio de Egipto	18
19	20 San Fabián, San Sebastián	21 Santa Inés	22	23 San Vicente	24 San Francisco de Sales	25 La Conversión de San Pablo
26 San Timoteo, San Tito	27 Santa Ángela de Mérici	28 Santo Tomás de Aquino	29	30	31 San Juan Bosco	

Intención del Papa para enero

Por el Derecho a la Educación

En enero, el Papa nos invita a orar por una necesidad esencial y urgente: **el derecho a la educación para todos, especialmente para los migrantes, refugiados y afectados por las guerras**. La educación es una herramienta poderosa que abre puertas al futuro, construye sociedades más justas y ayuda a sanar las heridas de quienes han sufrido el desarraigo y la violencia.

La educación no es solo un derecho, sino un camino hacia la dignidad y la esperanza. Como cristianos, estamos llamados a trabajar por un mundo en el que todos, sin importar su origen o circunstancias, tengan acceso a las oportunidades que la educación ofrece.

Texto Oficial de la Intención:

"Oremos para que migrantes, refugiados y afectados por las guerras vean siempre respetado su derecho a la educación, necesaria para construir un mundo mejor."

Espacio para Reflexión Personal:

- ¿Cómo puedo apoyar el acceso a la educación en mi comunidad?

- ¿De qué manera puedo ser un puente de esperanza para quienes enfrentan barreras en su formación?

- ¿Qué puedo hacer en mi día a día para promover el respeto por este derecho fundamental?

Escribe tus reflexiones aquí:

_____
_____
_____
_____
_____
_____
_____
_____
_____
_____
_____
_____
_____
_____
_____
_____
_____
_____
_____
_____
_____
_____
_____
_____
_____
—

Este mes, además de orar por esta intención, considera formas concretas de contribuir: donar libros, apoyar programas educativos locales, o simplemente alentar a quienes buscan superarse a través del aprendizaje. Cada pequeño gesto suma para construir un mundo más justo y lleno de oportunidades.

Mis Intenciones de Oración para este Mes

"Tus ojos verán un futuro brillante." (Proverbios 23:18)

Por mi familia:

_____
_____
_____

Por mis amigos y seres queridos:

_____
_____
_____

Por mi comunidad:

_____
_____
_____

Por el mundo:

_____
_____
_____

Mis reflexiones y oraciones personales:

_____
_____
_____

EVANGELIOS
DOMINICALES DE
ENERO

Domingo, 5 de enero de 2025
Mateo 2,1-12
Los Magos encuentran y adoran al Rey

Jesús nació en Belén de Judea en tiempos del rey Herodes. Unos Magos de Oriente llegaron a Jerusalén preguntando:

—¿Dónde está el Rey de los judíos que ha nacido? Hemos visto su estrella en el Oriente y venimos a adorarlo.

Al oír esto, el rey Herodes se inquietó, y con él, toda Jerusalén. Reunió a los sumos sacerdotes y a los escribas del pueblo y les preguntó dónde debía nacer el Mesías. Ellos respondieron:

—En Belén de Judea, porque así lo anunció el profeta:
"Y tú, Belén, tierra de Judá, no eres la menor entre los principales pueblos de Judá, porque de ti saldrá un jefe que será el pastor de mi pueblo Israel."

Entonces Herodes llamó en secreto a los Magos y les pidió detalles sobre la aparición de la estrella. Luego, los envió a Belén con esta instrucción:

—Id e informaos bien sobre el niño. Cuando lo encontréis, avisadme para que yo también vaya a adorarlo.

Después de oír al rey, los Magos siguieron su camino, y la estrella que habían visto en Oriente los guió hasta detenerse sobre el lugar donde estaba el niño. Al ver la estrella, se llenaron de alegría. Entraron en la casa, vieron al niño con María, su madre, y cayendo de rodillas lo adoraron. Luego, abrieron sus cofres y le ofrecieron regalos: oro, incienso y mirra.

Advertidos en sueños de que no regresaran a Herodes, volvieron a su tierra por otro camino.

REFLEXIÓN

Hoy celebramos la **Epifanía del Señor**, el momento en que los sabios de Oriente siguen la estrella hasta encontrar al Niño Jesús. Este pasaje nos recuerda que Dios **se revela a toda la humanidad**, sin importar origen, cultura o condición.

Los Magos representan a quienes buscan con sinceridad la luz de Dios, y su camino nos enseña tres actitudes esenciales:

- **Seguir la luz de Dios:** A veces, como los Reyes Magos, caminamos sin saber exactamente a dónde nos lleva Dios, pero confiamos en su guía.

- **Reconocer a Cristo en lo simple:** Ellos esperaban un Rey, pero lo encontraron en un pesebre. Dios muchas veces nos sorprende con su presencia en lo pequeño.

- **Ofrecer nuestros dones a Dios:** Oro, incienso y mirra fueron sus regalos. ¿Qué podemos ofrecerle nosotros en este año que inicia?

ORACIÓN

Señor Jesús, como los sabios de Oriente, deseo buscarte con un corazón sincero. Ayúdame a reconocer tu presencia en mi vida y a ofrecerte lo mejor de mí. Que en este nuevo año, mi vida sea un reflejo de tu luz. **Amén.**

PARA MEDITAR

¿Qué dones puedo ofrecerle a Dios en este 2025?

_____

_____

_____

_____

_____

_____

_____

_____

_____

Domingo, 12 de enero de 2025
Lucas 3,15-16.21-22
El bautismo de Jesús y la manifestación del Padre

En aquel tiempo, el pueblo estaba expectante y muchos se preguntaban si Juan no sería el Mesías. Pero él respondió a todos:

—Yo os bautizo con agua, pero viene alguien más poderoso que yo, a quien no soy digno de desatar la correa de sus sandalias. Él os bautizará con el Espíritu Santo y con fuego.

En medio de un bautismo colectivo, también Jesús fue bautizado. Mientras oraba, el cielo se abrió, y el Espíritu Santo descendió sobre él en forma de paloma. Entonces se oyó una voz del cielo que decía:

—Tú eres mi Hijo amado, mi predilecto.

REFLEXIÓN

El **Bautismo de Jesús** marca el inicio de su ministerio y nos recuerda nuestra propia identidad como hijos de Dios. En este momento solemne, el Padre declara: *"Tú eres mi Hijo amado, en quien me complazco."*

Este evangelio nos invita a:

- **Recordar nuestra identidad:** Somos amados por Dios, no por lo que hacemos, sino porque somos sus hijos.

- **Vivir como bautizados:** El Bautismo nos llama a una vida nueva en Cristo, a vivir con fe y coherencia.

- **Abrirnos a la acción del Espíritu Santo:** Como descendió sobre Jesús, el Espíritu también quiere guiar nuestra vida.

ORACIÓN

Padre celestial, gracias por llamarme tu hijo amado. Ayúdame a vivir con fidelidad mi Bautismo y a reflejar tu amor en mi vida diaria. **Amén.**

PARA MEDITAR

¿Cómo puedo vivir con más conciencia mi identidad como hijo de Dios?

_____
_____
_____
_____
_____
_____
_____
_____
_____

Domingo, 19 de enero de 2025
Juan 2,1-11
Las bodas de Caná: el primer signo de Jesús

En aquel tiempo, hubo una boda en Caná de Galilea, y la madre de Jesús estaba allí. Jesús y sus discípulos también fueron invitados.

Cuando el vino se acabó, la madre de Jesús le dijo:

—No tienen vino.

Jesús respondió:

—Mujer, ¿qué nos toca a ti y a mí? Aún no ha llegado mi hora.

Su madre dijo a los sirvientes:

—Haced lo que él os diga.

Había allí seis tinajas de piedra para las purificaciones de los judíos, de unos cien litros cada una. Jesús les dijo:

—Llenad las tinajas de agua.

Las llenaron hasta el borde. Entonces les dijo:

—Sacad ahora y llevadlo al mayordomo.

Ellos lo hicieron.

El mayordomo probó el agua convertida en vino, sin saber de dónde venía (aunque los sirvientes sí lo sabían), y llamó al novio para decirle:

—Todos sirven primero el vino bueno y, cuando los invitados ya han bebido bastante, el de menor calidad. Tú, en cambio, has guardado el mejor vino hasta ahora.

Así, en Caná de Galilea, Jesús realizó su primer signo, manifestó su gloria y sus discípulos creyeron en él.

REFLEXIÓN

El milagro de las bodas de Caná nos muestra el primer signo de Jesús, donde transforma el agua en vino y manifiesta su gloria. María, con su confianza total en Jesús, nos enseña a acudir a Él en nuestras necesidades.

¿Qué nos dice este evangelio?

- **Dios actúa en lo cotidiano:** Jesús realiza su primer milagro en una boda, mostrándonos que la gracia divina está presente en nuestra vida diaria.

- **María nos enseña a confiar:** "Hagan lo que Él les diga." Su fe nos inspira a confiar en Jesús, aun cuando no comprendemos su tiempo y su plan.

- **Jesús nos da el mejor vino:** No solo suple la necesidad, sino que transforma lo ordinario en extraordinario. Así quiere actuar en nuestras vidas.

ORACIÓN

Señor, en los momentos en que me falte la alegría, transfórmame como hiciste con el agua en vino. Que mi vida refleje tu gloria y mi confianza en Ti crezca cada día más. Amén.

PARA MEDITAR

¿Qué áreas de mi vida necesito poner en manos de Jesús para que Él las transforme?

_____

_____

_____

_____

_____

_____

_____

Domingo, 26 de enero de 2025
Lucas 1,1-4; 4,14-21
Jesús proclama su misión

En aquel tiempo, Jesús volvió a Galilea con el poder del Espíritu, y su fama se extendió por toda la región. Enseñaba en las sinagogas y todos hablaban bien de él.

Llegó a Nazaret, donde se había criado, y como era su costumbre, entró en la sinagoga el sábado. Se puso de pie para leer y le entregaron el libro del profeta Isaías. Lo abrió y encontró el pasaje que decía:

"El Espíritu del Señor está sobre mí,
porque me ha ungido.
Me ha enviado a anunciar la Buena Nueva a los pobres,
a proclamar la libertad a los cautivos
y la vista a los ciegos,
a liberar a los oprimidos
y a proclamar el año de gracia del Señor."

Luego, cerró el libro, lo devolvió al ayudante y se sentó. Todos en la sinagoga lo miraban fijamente. Entonces les dijo:

—Hoy se cumple esta Escritura que acabáis de oír.

REFLEXIÓN

Jesús se presenta en la sinagoga de Nazaret y proclama: "El Espíritu del Señor está sobre mí, porque me ha ungido para anunciar la Buena Nueva a los pobres."

Este evangelio nos invita a reflexionar sobre nuestra misión:

- **Jesús es el cumplimiento de las promesas:** Él es la Buena Nueva que transforma vidas.

- **También nosotros estamos llamados a llevar esperanza:** ¿A quiénes puedo llevar un mensaje de amor y fe esta semana?

- **La Palabra de Dios es viva y actual**: Hoy, el Señor sigue proclamando libertad y sanación a quienes lo buscan.

ORACIÓN

Señor Jesús, que tu Palabra transforme mi vida y me haga un mensajero de esperanza para los demás. Que pueda anunciar con mis palabras y acciones la Buena Nueva del Evangelio. Amén.

PARA MEDITAR

¿Cómo puedo ser un instrumento de la Buena Nueva en mi familia y comunidad?

_____

_____

_____

_____

_____

_____

_____

_____

_____

Mi Encuentro con Dios Este Mes

"La Palabra de Dios es viva y eficaz." (Hebreos 4:12)

¿Qué evangelio me impactó más este mes y por qué?

_____

_____

_____

_____

¿Cómo he sentido la presencia de Dios en mi vida durante este mes?

_____

_____

_____

_____

¿Qué propósito espiritual quiero establecer para el próximo mes?

_____

_____

_____

_____

Mis pensamientos y agradecimientos:

_____

_____

_____

_____

_____

"Mis ojos han visto tu salvación" (Lc 2,30). Simeón y Ana reconocieron en Jesús al Salvador esperado. Que también nuestros ojos lo descubran cada día y que nuestra vida sea un testimonio de su luz.

FEBRERO

LA PRESENTACIÓN DEL SEÑOR EN EL TEMPLO

¿Quién no anhela experimentar la misericordia y el amor infinito de Dios? En febrero, la liturgia nos invita a profundizar en la compasión divina y a reflejarla en nuestras propias vidas. Este mes, marcado por la preparación para la Cuaresma, nos llama a un cambio de corazón, a reconocer nuestras fragilidades y a abrirnos a la gracia de la reconciliación.

La Palabra de Dios nos recuerda que no estamos solos en nuestras luchas. Las lecturas de este mes nos muestran a un Jesús cercano, que sana, perdona y restaura. En las historias de los enfermos que buscan a Cristo, encontramos la invitación a acudir a Él con fe, dejando que Su toque transformador nos cure tanto física como espiritualmente.

En la fiesta de la **Presentación del Señor** (2 de febrero), también conocida como la **Candelaria**, celebramos a Cristo como la luz que disipa las tinieblas. Este es un momento especial para reflexionar sobre cómo dejamos que Su luz ilumine nuestras decisiones, acciones y relaciones.

Preguntas para Reflexión:

- ¿Cómo puedo ser un instrumento de la misericordia de Dios para quienes me rodean?

- ¿Qué áreas de mi vida necesitan la sanación de Cristo?

- ¿De qué manera puedo preparar mi corazón para vivir la Cuaresma con mayor profundidad?

Propósito del Mes: Que este febrero sea un tiempo para buscar la reconciliación con Dios y con los demás, para ser testigos de Su misericordia y para dejar que Su luz transforme cada rincón de nuestra vida.

CALENDARIO LITÚRGICO - FEBRERO 2025

Domingo	Lunes	Martes	Miércoles	Jueves	Viernes	Sábado
						1 Santa Brígida
2 Presentación del Señor	3 San Blas y San Ansgar	4 Santa Águeda	5 Santa Águeda	6 San Pablo Miki	7 Beato Pío IX	8 San Jerónimo Emiliani y Santa Josefina Bakhita
9 Santa Escolástica	10 Nuestra Señora de Lourdes	11 Nuestra Señora de Lourdes	12	13	14 San Cirilo y San Metodio	15
16 Siete Santos Fundadores	17	18	19	20	21 San Pedro Damián	22 Cátedra de San Pedro
23 San Policarpo	24	25	26	27	28	

Intención del Papa para febrero

Por la Paz y la Unidad en el Mundo

En febrero, el Papa nos invita a dirigir nuestras oraciones hacia un deseo profundo de toda la humanidad: **la paz y la unidad**. En un mundo marcado por divisiones, conflictos y desigualdades, esta intención nos llama a ser instrumentos de reconciliación y promotores de un diálogo que construya puentes en lugar de levantar muros.

La paz no es solo la ausencia de guerra, sino la presencia activa de justicia, amor y solidaridad. Como cristianos, estamos llamados a vivir como artesanos de la paz, comenzando en nuestras familias, comunidades y lugares de trabajo.

Texto Oficial de la Intención:

"Oremos para que las personas que viven en zonas de conflicto o enfrentamientos logren encontrar caminos de diálogo y reconciliación, y que todos trabajemos por construir un mundo más unido."

Espacio para Reflexión Personal:

- ¿Cómo puedo ser un promotor de la paz en mis relaciones y entorno?
- ¿De qué manera puedo contribuir al diálogo y la reconciliación en situaciones de conflicto?
- ¿Qué acciones concretas puedo realizar este mes para fomentar la unidad?

Escribe tus reflexiones aquí:

_____

_____

_____

_____

_____

_____

_____

_____

_____

_____

_____

_____

_____

_____

_____

_____

_____

_____

_____

_____

_____

_____

_____

_____

Más allá de la oración, este mes es una oportunidad para tomar pequeñas acciones que promuevan la paz: escuchar sin juzgar, ser paciente en los desacuerdos, y buscar soluciones justas y solidarias. Recuerda que cada gesto de reconciliación contribuye a un mundo más unido.

Mis Intenciones de Oración para este Mes

"Bienaventurados los misericordiosos, porque ellos alcanzarán misericordia." (Mateo 5:7)

Por mi familia:

_____
_____
_____

Por mis amigos y seres queridos:

_____
_____
_____

Por mi comunidad:

_____
_____
_____

Por el mundo:

_____
_____
_____

Mis reflexiones y oraciones personales:

_____
_____
_____

EVANGELIOS DOMINICALES DE FEBRERO

Domingo, 2 de febrero de 2025
Lucas 2,22-40
La presentación de Jesús en el templo

Cuando llegó el tiempo de la purificación según la ley de Moisés, los padres de Jesús lo llevaron a Jerusalén para presentarlo al Señor, conforme a lo que estaba escrito:

"Todo primogénito varón será consagrado al Señor."

Y para ofrecer el sacrificio prescrito:

"Un par de tórtolas o dos pichones."

En Jerusalén vivía un hombre llamado Simeón, justo y piadoso, que esperaba el consuelo de Israel. El Espíritu Santo estaba en él y le había revelado que no moriría sin ver al Mesías del Señor.

Guiado por el Espíritu, llegó al templo justo cuando los padres de Jesús entraban con el niño para cumplir lo establecido en la ley. Simeón lo tomó en sus brazos y alabó a Dios, diciendo:

—Ahora, Señor, puedes dejar a tu siervo irse en paz, según tu palabra. Porque mis ojos han visto a tu Salvador, a quien has presentado ante todos los pueblos: luz para iluminar a las naciones y gloria de tu pueblo Israel.

El padre y la madre del niño estaban asombrados por lo que se decía de él. Simeón los bendijo y dijo a María, su madre:

—Este niño está puesto para que muchos en Israel caigan y se levanten; será signo de contradicción, y a ti, una espada te atravesará el alma, para que queden al descubierto los pensamientos de muchos corazones.

También estaba allí una profetisa, Ana, hija de Fanuel, de la tribu de Aser. Era una mujer muy anciana, que había vivido siete años con su esposo y luego había permanecido viuda hasta los ochenta y cuatro años. No se apartaba del templo, sirviendo a Dios con ayunos y oraciones. Al ver al niño, comenzó a alabar a Dios y a hablar de él a todos los que esperaban la redención de Jerusalén.

Cuando cumplieron todo lo que la ley del Señor ordenaba, regresaron a Galilea, a su ciudad de Nazaret. El niño crecía, se fortalecía y se llenaba de sabiduría, y la gracia de Dios estaba sobre él.

REFLEXIÓN

La Presentación de Jesús en el Templo nos recuerda la importancia de la consagración de nuestra vida a Dios. María y José cumplen la Ley, pero más allá del rito, este momento revela la luz que Jesús trae al mundo. Simeón, guiado por el Espíritu Santo, reconoce en el niño al Salvador y proclama que es "luz para iluminar a las naciones".

Este evangelio nos invita a:

- **Acoger la luz de Cristo** en nuestro corazón y dejar que ilumine nuestras decisiones y caminos.

- **Vivir en confianza**, como Simeón y Ana, que esperaban con fe el cumplimiento de las promesas de Dios.

- **Consagrar nuestra vida a Dios**, renovando nuestra entrega diaria en nuestras acciones y pensamientos.

ORACIÓN

Señor, quiero presentarme ante Ti con un corazón abierto, como lo hicieron María y José. Ilumina mi vida con tu presencia y ayúdame a esperar en tu voluntad con confianza y alegría. **Amén.**

PARA MEDITAR

¿Cómo puedo ser luz para los demás en mi vida diaria?

_____
_____
_____
_____
_____
_____
_____
_____
_____

Domingo, 9 de febrero de 2025
Lucas 5,1-11
La pesca milagrosa y el llamado de los primeros discípulos

En aquel tiempo, Jesús estaba junto al lago de Genesaret, y la multitud se agolpaba para escuchar la palabra de Dios. Vio dos barcas junto a la orilla; los pescadores habían bajado y estaban lavando las redes.

Jesús subió a una de las barcas, que era de Simón, y le pidió que la alejara un poco de la orilla. Luego, sentado, enseñaba a la multitud desde la barca.

Cuando terminó de hablar, dijo a Simón:

—Rema mar adentro y echad las redes para pescar.

Simón respondió:

—Maestro, hemos trabajado toda la noche y no hemos pescado nada; pero, si tú lo dices, echaré las redes.

Lo hicieron y capturaron tal cantidad de peces que las redes comenzaban a romperse. Hicieron señas a sus compañeros de la otra barca para que vinieran a ayudarles. Se acercaron y llenaron tanto ambas barcas que casi se hundían.

Al ver esto, Simón Pedro cayó de rodillas ante Jesús y le dijo:

—Apártate de mí, Señor, porque soy un pecador.

El asombro se había apoderado de él y de los demás pescadores por la gran pesca que habían hecho. También Santiago y Juan, hijos de Zebedeo, compañeros de Simón, estaban impactados.

Jesús dijo a Simón:

—No temas; desde ahora serás pescador de hombres.

Ellos sacaron las barcas a tierra, lo dejaron todo y lo siguieron.

REFLEXIÓN

La pesca milagrosa es una invitación a confiar en Jesús, incluso cuando las circunstancias nos desaniman. Pedro y sus compañeros habían trabajado toda la noche sin éxito, pero cuando Jesús les dice que vuelvan a lanzar las redes, obedecen. Su recompensa es una pesca abundante.

Este evangelio nos invita a:

- **Confiar en Jesús**, aun cuando todo parezca difícil. Su palabra tiene poder.

- **No temer a nuestra misión**, como Pedro, que fue llamado a ser "pescador de hombres".

- **Obedecer con fe**, porque los planes de Dios siempre superan nuestras expectativas.

ORACIÓN

Señor, ayúdame a confiar en Ti, aun cuando mi esfuerzo parezca en vano. Dame la valentía de seguirte y obedecerte con fe. **Amén.**

PARA MEDITAR

¿Cuál es el "mar" en mi vida donde necesito confiar más en Jesús?

_____
_____
_____
_____
_____
_____
_____
_____
_____

Domingo, 16 de febrero de 2025
Lucas 6,17.20-26
Las bienaventuranzas y las advertencias

En aquel tiempo, Jesús bajó del monte con los Doce y se detuvo en un llano. Allí había una gran multitud de discípulos y gente de toda Judea, Jerusalén y la costa de Tiro y Sidón.

Jesús levantó la mirada hacia sus discípulos y dijo:

—Dichosos los pobres, porque vuestro es el Reino de Dios.
Dichosos los que ahora tenéis hambre, porque seréis saciados.
Dichosos los que ahora lloráis, porque reiréis.
Dichosos seréis cuando los hombres os odien, os excluyan, os insulten y rechacen vuestro nombre como infame por causa del Hijo del Hombre. Alegraos ese día y saltad de gozo, porque vuestra recompensa será grande en el cielo. Así trataron a los profetas vuestros antepasados.

Pero, ¡ay de vosotros, los ricos!, porque ya habéis recibido vuestro consuelo.
¡Ay de los que ahora estáis saciados!, porque tendréis hambre.
¡Ay de los que ahora reís!, porque lloraréis y os lamentaréis.
¡Ay cuando todos hablen bien de vosotros!, porque así trataron vuestros antepasados a los falsos profetas.

REFLEXIÓN

Las Bienaventuranzas nos muestran el camino del verdadero gozo en Dios. Jesús nos enseña que la felicidad no está en las riquezas o en la comodidad, sino en vivir con un corazón abierto a Dios y a los demás.

Este evangelio nos invita a:

- **Buscar la felicidad en Dios**, no en lo pasajero.

- **Confiar en que el Reino de Dios está cerca**, especialmente en los momentos de dificultad.

- **Vivir con humildad y generosidad**, compartiendo con quienes más lo necesitan.

ORACIÓN

Señor, enséñame a vivir las Bienaventuranzas cada día, confiando en que la verdadera felicidad está en Ti. **Amén.**

PARA MEDITAR

¿Cuál de las Bienaventuranzas necesito vivir con más profundidad en mi vida?

_____
_____
_____
_____
_____
_____
_____
_____
_____
_____
_____
_____

Domingo, 23 de febrero de 2025
Lucas 6,27-38
Sed compasivos como vuestro Padre es compasivo

En aquel tiempo, Jesús dijo a sus discípulos:

—A los que me escucháis, os digo: Amad a vuestros enemigos, haced el bien a los que os odian, bendecid a los que os maldicen y orad por los que os calumnian.

Al que te golpee en una mejilla, preséntale también la otra; al que te quite el manto, déjale también la túnica. A quien te pida, dale; y al que te quite lo tuyo, no se lo reclames.

Tratad a los demás como queréis que ellos os traten.

Si amáis solo a los que os aman, ¿qué mérito tenéis? También los pecadores aman a quienes los aman. Si hacéis el bien solo a quienes os hacen bien, ¿qué mérito tenéis? También los pecadores lo hacen. Y si prestáis esperando recibir algo a cambio, ¿qué mérito tenéis? También los pecadores prestan a otros para recibir lo mismo.

Vosotros, en cambio, amad a vuestros enemigos, haced el bien y prestad sin esperar nada a cambio. Así tendréis una gran recompensa y seréis hijos del Altísimo, porque él es bueno con los ingratos y los malvados.

Sed compasivos como vuestro Padre es compasivo. No juzguéis, y no seréis juzgados; no condenéis, y no seréis condenados; perdonad, y seréis perdonados.

Dad, y se os dará: una medida generosa, colmada, sacudida y rebosante será derramada en vuestro regazo. Porque con la medida que uséis, se os medirá a vosotros.

REFLEXIÓN

Jesús nos invita a un amor radical: amar a los enemigos, bendecir a quienes nos hacen daño y dar sin esperar nada a cambio. Nos pide imitar la misericordia del Padre, que es bueno con todos.

Este evangelio nos invita a:

- **Perdonar y amar sin condiciones**, aunque no sea fácil.

- **Ser generosos**, confiando en que Dios multiplicará nuestras bendiciones.

- **Reflejar la misericordia de Dios** en nuestras relaciones diarias.

ORACIÓN

Señor, enséñame a amar como Tú amas, sin esperar nada a cambio. Que mi corazón refleje tu misericordia. **Amén.**

PARA MEDITAR

¿Cómo puedo practicar la misericordia en mi vida cotidiana?

_____

_____

_____

_____

_____

_____

_____

_____

_____

_____

_____

Mi Encuentro con Dios Este Mes

"Confía al Señor tus preocupaciones, Él te sostendrá." (Salmo 55:22)

¿Qué evangelio me impactó más este mes y por qué?

_____
_____
_____
_____

¿Cómo he sentido la presencia de Dios en mi vida durante este mes?

_____
_____
_____
_____

¿Qué propósito espiritual quiero establecer para el próximo mes?

_____
_____
_____
_____

Mis pensamientos y agradecimientos:

_____
_____
_____
_____
_____
_____

"Este es mi Hijo amado, escúchenlo" (Mc 9,7). En la oración y en el silencio, nosotros podemos escuchar la voz de Jesús y dejarnos transformar por su amor.

MARZO

LA TRANSFIGURACIÓN DE JESÚS

¿Estás listo para adentrarte en un tiempo de renovación profunda? En marzo, la **Cuaresma** ocupa el centro de nuestra vida litúrgica, invitándonos a reflexionar, orar y abrirnos al amor transformador de Dios. Este tiempo santo nos llama a reenfocar nuestras vidas, a despojarnos de lo superficial y a volver al corazón mismo de nuestra fe: el sacrificio redentor de Cristo.

La liturgia de este mes nos ofrece pasajes que nos desafían a la conversión. Escuchamos historias de reconciliación y de esperanza, desde la parábola del hijo pródigo hasta las promesas de una nueva vida en Cristo. Cada lectura es una invitación a caminar con Jesús hacia la cruz, confiando en que Su muerte y resurrección son fuente de vida eterna.

Además, celebramos la solemnidad de **San José, esposo de la Virgen María** (19 de marzo). En este hombre justo y humilde encontramos un ejemplo de fe y obediencia. Su vida nos recuerda que, incluso en el silencio, podemos cumplir la voluntad de Dios y participar en Su plan de salvación.

Preguntas para Reflexión:

- ¿Qué áreas de mi vida necesitan ser transformadas por la gracia de Dios?

- ¿Cómo estoy respondiendo al llamado de Jesús a seguirle más de cerca?

- ¿Qué significa para mí caminar hacia la cruz con esperanza y alegría?

Propósito del Mes: Que este marzo sea un tiempo para abrazar la Cuaresma con el corazón dispuesto a la conversión. Haz del ayuno, la oración y la caridad un camino hacia la resurrección, confiando en que Dios está haciendo nuevas todas las cosas.

CALENDARIO LITÚRGICO - MARZO 2025

Domingo	Lunes	Martes	Miércoles	Jueves	Viernes	Sábado
						1
2	3 Santa Catalina Drexel	4 San Casimiro	5 Miércoles de Ceniza	6 Santos Perpetua y Felicidad	7	8 San Juan de Dios
9	10	11	12	13	14	15
16	17 San Patricio	18 San Cirilo de Jerusalén	19 San José, esposo de María	20	21	22
23 San Turibio de Mogrovejo	24	25 Anunciación del Señor	26	27	28	29
30	31					

Intención del Papa para marzo

Por las Vocaciones al Sacerdocio y la Vida Consagrada

En marzo, el Papa nos invita a orar por las vocaciones, pidiendo al Señor que inspire a hombres y mujeres a responder con generosidad a Su llamado. En un mundo donde tantas voces compiten por nuestra atención, esta intención nos recuerda la importancia de escuchar y seguir la voz de Dios, especialmente en el camino del sacerdocio y la vida consagrada.

La Iglesia necesita testigos que vivan su fe con alegría y compromiso, dedicando sus vidas al servicio de los demás. Orar por las vocaciones no solo es una petición al cielo, sino también un compromiso para apoyar y alentar a quienes están discerniendo su llamado.

Texto Oficial de la Intención:

"Oremos para que el Señor llame a muchos jóvenes al sacerdocio y a la vida consagrada, y que encuentren en sus comunidades el apoyo necesario para discernir y responder con valentía."

Espacio para Reflexión Personal:

- ¿Cómo puedo apoyar a quienes están discerniendo un llamado vocacional?
- ¿De qué manera estoy respondiendo al llamado de Dios en mi propia vida?
- ¿Qué puedo hacer para fomentar un ambiente que inspire a otros a seguir a Cristo?

Escribe tus reflexiones aquí:

_____
_____
_____
_____
_____
_____
_____
_____
_____
_____
_____
_____
_____
_____
_____
_____
_____
_____
_____
_____
_____
_____
_____
_____

Este mes, además de orar, considera formas concretas de apoyar las vocaciones: participa en iniciativas parroquiales, anima a jóvenes a explorar su fe, y ofrece tu testimonio de cómo vivir según el Evangelio puede transformar vidas.

Mis Intenciones de Oración para este Mes

"El Señor es mi luz y mi salvación; ¿a quién temeré?" (Salmo 27:1)

Por mi familia:

_____

_____

_____

Por mis amigos y seres queridos:

_____

_____

_____

Por mi comunidad:

_____

_____

_____

Por el mundo:

_____

_____

_____

Mis reflexiones y oraciones personales:

_____

_____

_____

EVANGELIOS DOMINICALES DE

MARZO

Domingo, 2 de marzo de 2025
Lucas 6,39-45
Lo que rebosa del corazón, lo habla la boca

En aquel tiempo, Jesús dijo a sus discípulos esta parábola:

—¿Acaso un ciego puede guiar a otro ciego? ¿No caerán ambos en el hoyo?

El discípulo no es más que su maestro, pero cuando termine su formación, será como su maestro.

¿Por qué te fijas en la mota que tiene tu hermano en el ojo y no te das cuenta de la viga que llevas en el tuyo? ¿Cómo puedes decirle: «Hermano, déjame sacarte la mota del ojo», si tú mismo no ves la viga que llevas?

¡Hipócrita! Saca primero la viga de tu ojo, y entonces verás con claridad para sacar la mota del ojo de tu hermano.

No hay árbol bueno que dé fruto malo, ni árbol malo que dé fruto bueno. Cada árbol se reconoce por su fruto: no se recogen higos de los espinos ni uvas de las zarzas.

El hombre bueno saca el bien del tesoro de bondad que guarda en su corazón, mientras que el malvado saca el mal de su corazón.

Porque la boca habla de lo que rebosa el corazón.

REFLEXIÓN

Jesús nos recuerda la importancia de revisar nuestro propio corazón antes de juzgar a los demás. Nos invita a examinar nuestras acciones y palabras, porque "de la abundancia del corazón habla la boca".

Este evangelio nos invita a:

- **Ser humildes y reconocer nuestras fallas**, en lugar de señalar las de los demás.

- **Cultivar un corazón lleno de amor y verdad**, para que nuestras palabras reflejen a Cristo.

- **Ser testimonio del bien**, pues un árbol bueno da frutos buenos.

ORACIÓN

Señor, ayúdame a limpiar mi corazón para que mis palabras y acciones reflejen tu amor y tu verdad. **Amén.**

PARA MEDITAR

¿Qué frutos estoy dando con mis palabras y acciones?

_____
_____
_____
_____
_____
_____
_____
_____
_____
_____

Domingo, 9 de marzo de 2025
Lucas 4, 1-13
El Espíritu lo condujo por el desierto, donde fue tentado

En aquel tiempo, Jesús, lleno del Espíritu Santo, regresó del Jordán y, durante cuarenta días, fue conducido por el Espíritu al desierto, donde fue tentado por el diablo.

Durante todo ese tiempo no comió nada, y al final sintió hambre.

Entonces el diablo le dijo:

—Si eres el Hijo de Dios, ordena que esta piedra se convierta en pan.

Jesús le respondió:

—Está escrito: «No solo de pan vive el hombre».

Luego el diablo lo llevó a lo alto y, en un instante, le mostró todos los reinos del mundo.

—Te daré todo su poder y gloria —le dijo—, porque me han sido entregados y yo los doy a quien quiero. Si te postras ante mí, todo será tuyo.

Jesús le contestó:

—Está escrito: «Al Señor, tu Dios, adorarás y a él solo darás culto».

Después, el diablo lo llevó a Jerusalén, lo puso en la parte más alta del templo y le dijo:

—Si eres el Hijo de Dios, tírate desde aquí abajo, porque está escrito: «Dará órdenes a sus ángeles para que te cuiden» y también: «Te sostendrán en sus manos para que no tropieces con ninguna piedra».

Jesús le respondió:

—Está dicho: «No tentarás al Señor, tu Dios».

Cuando el diablo agotó todas sus tentaciones, se alejó de él hasta el momento oportuno.

REFLEXIÓN

Jesús vence las tentaciones en el desierto, mostrándonos que la fortaleza viene de la comunión con Dios. Enfrenta el hambre, el poder y la gloria, pero su confianza en el Padre lo sostiene.

Este evangelio nos invita a:

- **Permanecer firmes en la fe**, confiando en Dios en medio de nuestras pruebas.

- **Alimentarnos de la Palabra de Dios**, que nos fortalece contra las tentaciones.

- **Vivir la Cuaresma como un tiempo de conversión y renovación espiritual**.

ORACIÓN

Señor, ayúdame a vencer las tentaciones y a buscarte con un corazón sincero. **Amén.**

PARA MEDITAR

¿Cuáles son las tentaciones que más me alejan de Dios?

_____

_____

_____

_____

_____

_____

_____

_____

_____

_____

_____

Domingo, 16 de marzo de 2025
Lucas 9, 28b-36
Mientras oraba, el aspecto de su rostro cambió

En aquel tiempo, Jesús tomó a Pedro, a Juan y a Santiago y subió a lo alto de la montaña para orar. Mientras oraba, el aspecto de su rostro cambió y sus vestiduras se volvieron de un blanco resplandeciente.

De repente, dos hombres conversaban con él: eran Moisés y Elías, que, apareciendo en gloria, hablaban de su partida, que iba a cumplirse en Jerusalén.

Pedro y sus compañeros estaban rendidos de sueño; pero, despertándose, vieron la gloria de Jesús y a los dos hombres que estaban con él. Cuando éstos se alejaban, Pedro dijo a Jesús:

—Maestro, ¡qué bien se está aquí! Hagamos tres tiendas: una para ti, otra para Moisés y otra para Elías.

No sabía lo que decía.

Todavía estaba hablando cuando llegó una nube que los cubrió, y se llenaron de temor al entrar en la nube. Y desde la nube se oyó una voz que decía:

—Este es mi Hijo, el escogido. Escuchadle.

Cuando cesó la voz, encontraron a Jesús solo. Ellos guardaron silencio y, en aquellos días, no contaron a nadie lo que habían visto.

REFLEXIÓN

La Transfiguración de Jesús es una revelación de su gloria divina y una invitación a escucharlo. Pedro, Santiago y Juan contemplan su luz, recordándonos que nuestra fe está llamada a la esperanza.

Este evangelio nos invita a:

- **Buscar momentos de oración y encuentro con Dios** para fortalecer nuestra fe.

- **Escuchar a Jesús**, dejando que su palabra ilumine nuestro caminar.

- **Tener esperanza en la gloria de Dios**, aun en tiempos difíciles.

ORACIÓN

Señor, llévame a lo alto de la montaña de la oración y hazme contemplar tu gloria. **Amén.**

PARA MEDITAR

¿Cómo puedo escuchar mejor la voz de Jesús en mi vida?

_____
_____
_____
_____
_____
_____
_____
_____
_____
_____
_____

Domingo, 23 de marzo de 2025
Lucas 13, 1-9
Si no os convertís, pereceréis del mismo modo

En aquel tiempo, algunos se acercaron a Jesús para contarle lo sucedido con unos galileos, cuya sangre Pilato había mezclado con la de sus sacrificios. Jesús les respondió:

«¿Creéis que esos galileos eran más pecadores que los demás por haber terminado así? Os digo que no; y si no os convertís, todos pereceréis de la misma manera.

¿Y aquellos dieciocho que murieron cuando la torre de Siloé se derrumbó sobre ellos? ¿Pensáis que eran más culpables que los demás habitantes de Jerusalén? Os digo que no; y si no os convertís, todos acabaréis del mismo modo.»

Entonces les contó esta parábola:

«Un hombre tenía una higuera plantada en su viña y fue a buscar fruto en ella, pero no encontró nada. Entonces le dijo al viñador: "Hace tres años que vengo a buscar fruto en esta higuera y no lo encuentro. Córtala. ¿Para qué va a seguir ocupando la tierra inútilmente?"

Pero el viñador respondió: "Señor, déjala aún un año más. Cavaré a su alrededor y le echaré abono. Tal vez así dé fruto en el futuro; si no, entonces la cortarás."»

REFLEXIÓN

Jesús nos llama a la conversión con la parábola de la higuera estéril. Dios nos da oportunidades para crecer y dar fruto, pero no podemos postergar el cambio.

Este evangelio nos invita a:

- **Reflexionar sobre nuestra vida espiritual**, preguntándonos si estamos dando frutos.

- **Aprovechar la misericordia de Dios**, que siempre nos da una nueva oportunidad.

- **Tomar decisiones concretas para crecer en la fe y el amor.**

ORACIÓN

Señor, ayúdame a ser como un árbol que da frutos de amor, fe y esperanza. **Amén.**

PARA MEDITAR

¿Qué cambios necesito hacer en mi vida para dar más frutos espirituales?

_____

_____

_____

_____

_____

_____

_____

_____

_____

Domingo, 30 de marzo de 2025
Lucas 15,1-3.11-32
El hijo pródigo: misericordia y retorno al hogar

En aquel tiempo, muchos publicanos y pecadores se acercaban a Jesús para escucharlo, mientras los fariseos y escribas murmuraban: «Este recibe a los pecadores y come con ellos.»

Entonces, Jesús les contó esta parábola:

«Un hombre tenía dos hijos. El menor le pidió: "Padre, dame la parte de la herencia que me corresponde." El padre se la entregó, y poco después, el hijo se marchó a un país lejano, donde derrochó su fortuna en una vida desenfrenada.

Cuando lo había gastado todo, llegó una gran hambruna y comenzó a sufrir necesidad. Desesperado, fue a trabajar cuidando cerdos y ansiaba comer lo que ellos comían, pero nadie le daba nada. Entonces reflexionó: "Los jornaleros de mi padre tienen pan en abundancia y yo aquí muero de hambre. Volveré a mi padre y le diré: Padre, he pecado contra el cielo y contra ti. Ya no merezco ser llamado tu hijo; trátame como a uno de tus jornaleros."

Se puso en camino, y cuando aún estaba lejos, su padre lo vio, se conmovió, corrió a su encuentro, lo abrazó y lo besó. El hijo le dijo: "Padre, he pecado contra el cielo y contra ti, ya no merezco ser llamado tu hijo."

Pero el padre ordenó a sus criados: "Traed el mejor traje y vestidlo, ponedle un anillo en la mano y sandalias en los pies. Traed el ternero cebado y hagamos un banquete, porque este hijo mío estaba muerto y ha vuelto a la vida, estaba perdido y ha sido encontrado."

El hijo mayor, al enterarse de la celebración, se enojó y no quiso entrar. Su padre salió a rogarle, pero él protestó: "Llevo años sirviéndote sin fallar, y jamás me diste un cabrito para festejar con mis amigos. Y ahora que vuelve este hijo tuyo, que ha malgastado su herencia, le das el ternero cebado."

El padre le respondió: "Hijo, tú siempre estás conmigo y todo lo mío es tuyo, pero era necesario celebrar, porque este hermano tuyo estaba muerto y ha vuelto a la vida; estaba perdido y ha sido encontrado."»

REFLEXIÓN

La parábola del hijo pródigo nos muestra el inmenso amor del Padre. No importa cuán lejos nos hayamos ido, Dios siempre nos espera con los brazos abiertos.

Este evangelio nos invita a:

- **Regresar a Dios con confianza**, sabiendo que su misericordia es infinita.

- **Perdonar como el Padre perdona**, con amor y sin resentimientos.

- **Alegrarnos cuando alguien regresa a la fe**, en lugar de juzgarlo.

ORACIÓN

Padre amoroso, gracias por tu misericordia inagotable. Ayúdame a volver a Ti con un corazón sincero. **Amén.**

PARA MEDITAR

¿Necesito regresar al Padre en algún área de mi vida?

_____
_____
_____
_____
_____
_____
_____
_____
_____
_____

Mi Encuentro con Dios Este Mes

"Crea en mí, Dios mío, un corazón puro." (Salmo 51:10)

¿Qué evangelio me impactó más este mes y por qué?

_____

_____

_____

_____

¿Cómo he sentido la presencia de Dios en mi vida durante este mes?

_____

_____

_____

_____

¿Qué propósito espiritual quiero establecer para el próximo mes?

_____

_____

_____

_____

Mis pensamientos y agradecimientos:

_____

_____

_____

_____

_____

_____

"No está aquí, ha resucitado" (Lc 24,6). La tumba vacía nos llena de esperanza: Cristo ha vencido la muerte y nos abre las puertas a una nueva vida. ¡Vivamos en la alegría!

ABRIL

LA RESURRECCIÓN DE JESÚS

¿Has sentido alguna vez la alegría de un nuevo comienzo? Abril nos lleva al corazón del misterio cristiano: la **Pascua**. Es un tiempo para celebrar la victoria de Cristo sobre la muerte y experimentar la fuerza renovadora de Su resurrección. En este mes, somos llamados a vivir como testigos de la vida nueva que brota de Su entrega y amor infinito.

La **Semana Santa**, con el **Domingo de Ramos**, el **Triduo Pascual** y el **Domingo de Pascua**, marca el centro de nuestra fe. Desde la entrada triunfal de Jesús en Jerusalén hasta Su sacrificio en la cruz y Su gloriosa resurrección, cada celebración nos invita a caminar con Cristo en Su pasión para compartir también Su triunfo.

La liturgia de Pascua nos habla de luz, esperanza y renovación. Las lecturas nos muestran cómo el Resucitado transforma a Sus discípulos, llenándolos de valor para anunciar la Buena Nueva. Así como ellos fueron enviados, también nosotros estamos llamados a ser portadores de la alegría pascual, viviendo con confianza en la promesa de la vida eterna.

Preguntas para Reflexión:

- ¿De qué manera estoy viviendo la alegría de la resurrección en mi vida cotidiana?

- ¿Qué aspectos de mi vida necesitan ser iluminados por la victoria de Cristo sobre la muerte?

- ¿Cómo puedo ser testigo de la Pascua para quienes me rodean?

Propósito del Mes: Que este abril sea un tiempo de gozo y renovación espiritual. Vive la Pascua con el corazón lleno de gratitud y deja que el amor del Resucitado transforme cada rincón de tu vida, llevándote a ser testigo de Su luz en el mundo.

CALENDARIO LITÚRGICO - ABRIL 2025

Domingo	Lunes	Martes	Miércoles	Jueves	Viernes	Sábado
		1	2 San Francisco de Paula	3 San Isidoro	4 San Vicente Ferrer	5
6 Domingo de Ramos	7 San Juan Bautista de La Salle	8	9	10 San Estanislao	11	12
13 San Martín I	14	15	16	17 Jueves Santo	18 Viernes Santo	19 Sábado Santo
20 Domingo de Pascua	21	22 Octava de Pascua	23 San Jorge	24 San Fidel de Sigmaringa	25 San Marcos Evangelista	26
27 Domingo de la Divina Misericordia	28 San Pedro Chanel	29 Santa Catalina de Siena	30 San Pío V			

Intención del Papa para abril

Por los Derechos de los Trabajadores

En abril, el Papa nos invita a reflexionar y orar por la dignidad de los trabajadores, especialmente aquellos que enfrentan condiciones laborales injustas o precarias. Esta intención nos recuerda que el trabajo no es solo un medio para ganar el sustento, sino también una expresión de nuestra dignidad y participación en la creación divina.

Como cristianos, estamos llamados a promover la justicia social, defender los derechos de los trabajadores y buscar que cada empleo sea un espacio donde las personas puedan crecer y desarrollar sus talentos en un ambiente digno y respetuoso.

Texto Oficial de la Intención:

"Oremos para que los derechos de los trabajadores sean respetados y para que todos puedan disfrutar de un trabajo digno y seguro."

Espacio para Reflexión Personal:

- ¿Cómo puedo apoyar a quienes enfrentan condiciones laborales difíciles?

- ¿Qué puedo hacer para promover la justicia y la dignidad en los espacios de trabajo que frecuento?

- ¿De qué manera estoy contribuyendo a crear un entorno donde todos puedan vivir con respeto y seguridad?

Escribe tus reflexiones aquí:

_____

_____

_____

_____

_____

_____

_____

_____

_____

_____

_____

_____

_____

_____

_____

_____

_____

_____

_____

_____

_____

_____

_____

Este mes, además de orar, considera formas de apoyar a los trabajadores en tu comunidad: busca oportunidades para abogar por la justicia laboral, promueve valores éticos en el trabajo y muestra gratitud a quienes hacen posible tu día a día con su esfuerzo.

Mis Intenciones de Oración para este Mes

"Él murió por todos, para que los que viven ya no vivan para sí mismos." (2 Corintios 5:15)

Por mi familia:

_____
_____
_____

Por mis amigos y seres queridos:

_____
_____
_____

Por mi comunidad:

_____
_____
_____

Por el mundo:

_____
_____
_____

Mis reflexiones y oraciones personales:

_____
_____
_____

EVANGELIOS DOMINICALES DE
ABRIL

Domingo, 6 de abril de 2025
Juan 8,1-11
El que esté libre de pecado, que arroje la primera piedra

Jesús se retiró al monte de los Olivos. Al amanecer, volvió al templo, y la gente se acercó a él. Se sentó y comenzó a enseñarles.

En ese momento, los escribas y fariseos le llevaron a una mujer sorprendida en adulterio, la colocaron en medio y dijeron: «Maestro, esta mujer ha sido sorprendida en flagrante adulterio. En la Ley, Moisés nos ordenó apedrear a estas mujeres. ¿Tú qué dices?»

Lo decían para ponerlo a prueba y tener de qué acusarlo.

Pero Jesús, inclinándose, escribía en el suelo con el dedo. Como insistían en preguntarle, se incorporó y les dijo: «Aquel de vosotros que esté libre de pecado, que arroje la primera piedra.»

E inclinándose de nuevo, siguió escribiendo en el suelo.

Al escuchar esto, comenzaron a irse uno a uno, empezando por los más ancianos. Jesús quedó solo con la mujer, que seguía allí.

Entonces, Jesús se incorporó y le preguntó: «Mujer, ¿dónde están? ¿Ninguno te ha condenado?»

Ella respondió: «Ninguno, Señor.»

Jesús le dijo: «Tampoco yo te condeno. Vete, y no peques más.»

REFLEXIÓN

La misericordia de Jesús hacia la mujer adúltera nos muestra el amor incondicional de Dios. Mientras los fariseos la acusan, Jesús responde con compasión: *"El que esté libre de pecado, que tire la primera piedra"*.

Este evangelio nos invita a:

- **Dejar de lado el juicio** y mirar a los demás con los ojos de la misericordia.

- **Reconocer nuestra propia necesidad de perdón** y acudir a Dios con humildad.

- **Empezar de nuevo**, como la mujer que, tras recibir el perdón, es llamada a una vida nueva.

ORACIÓN

Señor, enséñame a mirar con amor a los demás y a confiar en tu misericordia. Ayúdame a vivir en la gracia de tu perdón. **Amén.**

PARA MEDITAR

¿En qué áreas de mi vida necesito experimentar el perdón de Dios?

_____

_____

_____

_____

_____

_____

_____

_____

_____

Domingo, 13 de abril de 2025
Lucas 22,14-23.56
La Última Cena y la Pasión de Cristo

Llegada la hora, Jesús se sentó a la mesa con sus discípulos y les dijo:

«He deseado con ansias comer esta Pascua con vosotros antes de mi pasión, porque os aseguro que no la volveré a comer hasta que se cumpla en el Reino de Dios.»

Tomando una copa, dio gracias y dijo:

«Tomad esto y repartidlo entre vosotros, porque os digo que no volveré a beber del fruto de la vid hasta que venga el Reino de Dios.»

Luego, tomó el pan, pronunció la acción de gracias, lo partió y lo dio a sus discípulos, diciendo:

«Esto es mi cuerpo, que se entrega por vosotros; haced esto en memoria mía.»

Después de cenar, tomó la copa y dijo:

«Esta copa es la nueva alianza en mi sangre, que se derrama por vosotros.»

Entonces anunció:

«La mano del que me traiciona está sobre la mesa conmigo. El Hijo del Hombre se va según lo establecido, pero ¡ay de aquel que lo entrega!»

Los discípulos comenzaron a preguntarse quién podría ser el traidor.

Surgió entre ellos una disputa sobre quién debía ser considerado el mayor. Jesús les dijo:

«Los reyes de las naciones dominan sobre ellas, y los que tienen autoridad se hacen llamar benefactores. Pero vosotros no hagáis así. El mayor entre vosotros debe comportarse como el menor, y el que gobierna como el que sirve. ¿Quién es más grande, el que está a la mesa o el que sirve? ¿No es el que está a la mesa? Pues yo estoy entre vosotros como el que sirve.»

Luego se dirigió a Pedro y le dijo:

«Simón, Simón, Satanás ha pedido zarandearos como trigo. Pero yo he rogado por ti, para que tu fe no desfallezca. Y tú, cuando hayas vuelto, fortalece a tus hermanos.»

Pedro le respondió:

«Señor, estoy dispuesto a ir contigo hasta la cárcel y la muerte.»

Jesús le dijo:

«Te aseguro, Pedro, que antes de que cante el gallo hoy, habrás negado tres veces que me conoces.»

Después salieron al monte de los Olivos. Jesús dijo a sus discípulos:

«Orad para no caer en la tentación.»

Se apartó de ellos y, arrodillado, oró:

«Padre, si quieres, aparta de mí este cáliz; pero no se haga mi voluntad, sino la tuya.»

Se le apareció un ángel del cielo para fortalecerlo. En su angustia, oraba con más insistencia y su sudor caía como gotas de sangre. Al regresar donde sus discípulos, los encontró dormidos y les dijo:

«¿Por qué dormís? Levantaos y orad para no caer en la tentación.»

Mientras hablaba, apareció Judas con una multitud armada. Se acercó a Jesús para besarlo. Jesús le dijo:

«Judas, ¿con un beso entregas al Hijo del Hombre?»

Los discípulos preguntaron:

«Señor, ¿debemos atacar con la espada?»

Uno de ellos hirió al siervo del sumo sacerdote y le cortó la oreja derecha. Jesús intervino:

«Dejadlo, basta.»

Tocó la oreja del hombre y lo sanó. Luego, se dirigió a los sumos sacerdotes y les dijo:

«¿Habéis salido con espadas y palos como si fuera un bandido? Todos los días estaba en el templo con vosotros y no me prendisteis. Pero esta es vuestra hora, la del poder de las tinieblas.»

Prendieron a Jesús y lo llevaron a casa del sumo sacerdote. Pedro lo siguió de lejos. Al verlo junto al fuego, una criada lo señaló:

«Este también estaba con él.»

Pedro lo negó:

«Mujer, no lo conozco.»

Otro lo señaló:

«Tú también eres uno de ellos.»

Pedro respondió:

«Hombre, no lo soy.»

Al rato, otro insistió:

«Seguro que estabas con él, porque eres galileo.»

Pedro respondió:

«No sé de qué hablas.»

En ese momento, el gallo cantó. Jesús miró a Pedro, y él recordó sus palabras. Salió fuera y lloró amargamente.

Los hombres que custodiaban a Jesús se burlaban de él y lo golpeaban. Le cubrían el rostro y le decían:

«Adivina, profeta, ¿quién te ha golpeado?»

Al amanecer, los sumos sacerdotes lo llevaron ante el Sanedrín y le dijeron:

«Si eres el Mesías, dínoslo.»

Jesús respondió:

«Si os lo digo, no me creeréis; pero desde ahora, el Hijo del Hombre estará sentado a la derecha de Dios todopoderoso.»

Le preguntaron:

«¿Eres tú el Hijo de Dios?»

Él respondió:

«Vosotros lo decís: Yo lo soy.»

Entonces dijeron:

«¿Qué necesidad tenemos de más testimonios?»

Lo llevaron ante Pilato, acusándolo:

«Alborota al pueblo y se hace llamar rey.»

Pilato preguntó:

«¿Eres tú el rey de los judíos?»

Jesús respondió:

«Tú lo dices.»

Pilato dijo:

«No encuentro culpa en este hombre.»

Ellos insistieron:

«Alborota a toda Judea.»

Al saber que Jesús era galileo, lo envió a Herodes. Herodes se alegró al verlo, esperando que hiciera algún milagro. Pero Jesús no respondió nada. Herodes lo despreció y lo devolvió a Pilato.

Pilato intentó liberarlo, pero la multitud gritaba:

«¡Crucifícalo!»

Pilato cedió, liberó a Barrabás y entregó a Jesús.

Mientras lo llevaban al Calvario, obligaron a Simón de Cirene a cargar la cruz. Jesús se dirigió a las mujeres que lloraban por él:

«Hijas de Jerusalén, no lloréis por mí, sino por vosotras y por vuestros hijos.»

Llegados al lugar, lo crucificaron junto a dos malhechores. Jesús dijo:

«Padre, perdónalos, porque no saben lo que hacen.»

Los soldados se repartieron sus ropas. Encima de la cruz pusieron un letrero:

«Este es el rey de los judíos.»

Uno de los malhechores lo insultó:

«¿No eres el Mesías? Sálvate y sálvanos.»

El otro lo reprendió:

«Nosotros merecemos esto, pero él no ha hecho nada malo.»

Y le dijo a Jesús:

«Acuérdate de mí cuando vengas en tu reino.»

Jesús respondió:

«Hoy estarás conmigo en el paraíso.»

Desde el mediodía hubo tinieblas. Jesús exclamó con voz potente:

«Padre, en tus manos encomiendo mi espíritu.»

Dicho esto, expiró.

El centurión, al verlo, dijo:

«Verdaderamente, este hombre era justo.»

José de Arimatea pidió el cuerpo de Jesús a Pilato, lo envolvió en una sábana y lo colocó en un sepulcro nuevo.

Las mujeres que lo habían seguido observaron dónde lo ponían y prepararon perfumes para ungirlo después del sábado.

REFLEXIÓN

El Domingo de Ramos marca el inicio de la Semana Santa. Aclamamos a Jesús como Rey, pero también contemplamos su Pasión. Su entrega total en la cruz nos muestra el amor más grande.

Este evangelio nos invita a:

- **Recibir a Jesús con un corazón sincero**, no solo con palabras, sino con obras.

- **Acompañarlo en su Pasión**, meditando su sufrimiento y su amor por nosotros.

- **Responder con amor y fidelidad**, como María y el discípulo amado.

ORACIÓN

Señor Jesús, entro contigo en esta Semana Santa con un corazón dispuesto a seguirte. Dame la gracia de amarte más profundamente. **Amén.**

PARA MEDITAR

¿Cómo puedo vivir esta Semana Santa con mayor profundidad y entrega?

_____
_____
_____
_____
_____
_____
_____
_____
_____

Domingo, 20 de abril de 2025
Juan 20, 1-9
Él había de resucitar de entre los muertos

El primer día de la semana, María Magdalena fue al sepulcro temprano, cuando aún estaba oscuro, y vio que la piedra había sido removida. Corrió entonces a avisar a Simón Pedro y al otro discípulo, el que Jesús tanto amaba, y les dijo: «Se han llevado al Señor del sepulcro y no sabemos dónde lo han puesto.»

Pedro y el otro discípulo salieron corriendo hacia el sepulcro. El otro discípulo llegó primero, se inclinó y vio las vendas en el suelo, pero no entró. Cuando llegó Pedro, entró en el sepulcro y observó las vendas en el suelo y el sudario que había cubierto la cabeza de Jesús, doblado aparte.

Entonces entró también el otro discípulo, vio y creyó. Hasta ese momento, no habían comprendido la Escritura: que él debía resucitar de entre los muertos.

REFLEXIÓN

La Resurrección de Jesús es la victoria definitiva sobre la muerte y el pecado. María Magdalena, Pedro y Juan encuentran el sepulcro vacío, un signo de que la vida ha triunfado.

Este evangelio nos invita a:

- **Vivir con esperanza**, confiando en que Cristo ha vencido.

- **Buscar a Jesús con el corazón**, como María Magdalena en el sepulcro.

- **Anunciar la alegría de la Resurrección**, compartiendo nuestra fe con gozo.

ORACIÓN

Señor resucitado, llena mi vida de tu luz y de tu paz. Ayúdame a ser testigo de tu amor y de tu victoria. **Amén.**

PARA MEDITAR

¿Cómo puedo compartir la alegría de la Resurrección con los demás?

_____

_____

_____

_____

_____

_____

_____

_____

_____

_____

Domingo, 27 de abril de 2025
Juan 20, 19-31
A los ocho días, llegó Jesús

Al anochecer del primer día de la semana, los discípulos estaban reunidos con las puertas cerradas por miedo a los judíos. De pronto, Jesús entró, se puso en medio y les dijo: «Paz a vosotros.»

Después les mostró las manos y el costado. Los discípulos se llenaron de alegría al ver al Señor. Jesús repitió: «Paz a vosotros. Como el Padre me envió, así también os envío yo.» Luego sopló sobre ellos y añadió:

«Recibid el Espíritu Santo. A quienes perdonéis los pecados, les quedarán perdonados; a quienes se los retengáis, les quedarán retenidos.»

Tomás, uno de los Doce, llamado el Mellizo, no estaba con ellos cuando llegó Jesús. Cuando los demás discípulos le dijeron: «Hemos visto al Señor», él respondió: «Si no veo en sus manos la señal de los clavos, si no meto mi dedo en sus heridas y mi mano en su costado, no lo creeré.»

Ocho días después, los discípulos estaban otra vez reunidos, y Tomás estaba con ellos. Jesús apareció de nuevo, a pesar de que las puertas estaban cerradas, y dijo: «Paz a vosotros.» Luego se dirigió a Tomás:

«Trae tu dedo y toca mis manos; trae tu mano y métela en mi costado. No seas incrédulo, sino creyente.»

Tomás exclamó: «¡Señor mío y Dios mío!» Jesús le dijo: «¿Has creído porque me has visto? Dichosos los que creen sin haber visto.»

Jesús realizó muchos otros signos en presencia de sus discípulos, que no están escritos en este libro. Estos han sido escritos para que creáis que Jesús es el Mesías, el Hijo de Dios, y para que, creyendo, tengáis vida en su nombre.

REFLEXIÓN

Jesús resucitado se aparece a sus discípulos y les concede la paz. A Tomás, que dudaba, le muestra sus heridas y lo invita a creer. Este pasaje nos recuerda que la misericordia de Dios siempre nos alcanza.

Este evangelio nos invita a:

- **Confiar en la misericordia de Dios**, que nos da su paz y nos renueva.

- **Vencer nuestras dudas con la fe**, como Tomás, que al final exclama: *"Señor mío y Dios mío"*.

- **Ser portadores de la paz de Cristo**, compartiéndola con quienes nos rodean.

ORACIÓN

Jesús misericordioso, aumenta mi fe y ayúdame a confiar en tu amor sin límites. **Amén.**

PARA MEDITAR

¿Qué necesito para confiar más en la misericordia de Dios?

_____

_____

_____

_____

_____

_____

_____

_____

_____

_____

Mi Encuentro con Dios Este Mes

"Yo soy la resurrección y la vida; el que cree en mí vivirá, aunque muera." (Juan 11:25)

¿Qué evangelio me impactó más este mes y por qué?

_____
_____
_____
_____

¿Cómo he sentido la presencia de Dios en mi vida durante este mes?

_____
_____
_____
_____

¿Qué propósito espiritual quiero establecer para el próximo mes?

_____
_____
_____
_____

Mis pensamientos y agradecimientos:

_____
_____
_____
_____
_____

"Yo soy el buen pastor, que da su vida por las ovejas" (Jn 10,11). Jesús nos cuida con ternura y nos llama por nuestro nombre. En sus brazos encontramos seguridad y paz. Sigámoslo con confianza.

MAYO

JESÚS, EL BUEN PASTOR

¿Quién mejor que María para guiarnos en el camino hacia Cristo? Mayo, conocido como el **mes de María**, nos invita a acercarnos a la Madre de Dios con amor y confianza, descubriendo en ella un ejemplo perfecto de fe, humildad y esperanza. Este mes es una oportunidad para meditar sobre su vida y su papel esencial en la historia de la salvación.

En la liturgia de este mes, seguimos celebrando la **Pascua**, con el corazón lleno de alegría por la resurrección de Cristo. Las lecturas nos recuerdan que el Espíritu Santo está siempre presente, guiándonos y transformándonos. En este contexto, María aparece como modelo de docilidad al Espíritu, mostrándonos cómo vivir con fidelidad y entrega total a la voluntad de Dios.

Además, mayo nos prepara para la **Ascensión del Señor** y la **Venida del Espíritu Santo en Pentecostés**, celebraciones que nos invitan a renovar nuestra misión como discípulos de Cristo, confiando en Su presencia continua en nuestras vidas.

Preguntas para Reflexión:

- ¿Cómo puedo imitar las virtudes de María en mi vida cotidiana?

- ¿De qué manera estoy dejando que el Espíritu Santo guíe mis decisiones y acciones?

- ¿Qué significa para mí vivir con la esperanza de la resurrección y la promesa del Espíritu?

Propósito del Mes: Que este mayo sea un tiempo para profundizar en nuestra relación con María, aprendiendo de su amor y su confianza en Dios. Haz de este mes una oportunidad para rezar con el Santo Rosario, pedir su intercesión y caminar junto a ella hacia su Hijo, Jesucristo.

CALENDARIO LITÚRGICO – MAYO 2025

Domingo	Lunes	Martes	Miércoles	Jueves	Viernes	Sábado
				1 San José Obrero	2 San Atanasio, obispo y doctor	3 Santos Felipe y Santiago, apóstoles
4 Santa Marie-Léonie Paradis Santos Felipe y Santiago	5	6 San Francisco de Laval	7 Nuestra Señora de Luján Beata Catalina de San Agustín	8	9 San Damián de Veuster, sacerdote	10 Exaltación de la Santa Cruz
11	12 Santos Nereo y Aquileo, mártires San Pancracio, mártir	13 Nuestra Señora de Fátima	14 San Matías, apóstol	15 San Isidro Labrador	16	17
18 San Juan I, papa y mártir	19	20 San Bernardino de Siena	21 Santos Cristóbal Magallanes y compañeros, mártires	22 Santa Rita de Casia	23	24 María Auxiliadora
25 San Beda el Venerable San Gregorio VII, papa Santa María Magdalena de Pazzi	26 San Felipe Neri, sacerdote	27 San Agustín de Canterbury	28	29 Ascensión del Señor	30	31 Visitación de la Santísima Virgen

Intención del Papa para mayo

Por los Movimientos y Grupos Eclesiales

En mayo, el Papa nos invita a orar por los movimientos y grupos eclesiales, esas comunidades vivas dentro de la Iglesia que trabajan incansablemente para evangelizar, servir a los demás y construir el Reino de Dios. Estos grupos son un testimonio de la diversidad de carismas y vocaciones que enriquecen la Iglesia universal.

Los movimientos eclesiales son espacios donde los fieles encuentran un sentido profundo de comunidad y misión. Su presencia activa en parroquias, diócesis y otros ámbitos es un signo de la vitalidad de la fe en el mundo actual.

Texto Oficial de la Intención:

"Oremos para que los movimientos y grupos eclesiales redescubran cada día su misión evangelizadora, poniéndola al servicio de las necesidades del mundo."

Espacio para Reflexión Personal:

- ¿Cómo puedo apoyar a los movimientos eclesiales en mi comunidad?

- ¿De qué manera puedo colaborar en su misión evangelizadora?

- ¿Qué carisma de la Iglesia me inspira a vivir mi fe de forma más activa?

Escribe tus reflexiones aquí:

_____
_____
_____
_____
_____
_____
_____
_____
_____
_____
_____
_____
_____
_____
_____
_____
_____
_____
_____
_____
_____
_____
_____
_____
_____

Este mes, además de orar, considera involucrarte en un movimiento o grupo eclesial cercano a ti. Escucha sus necesidades, apoya sus iniciativas y descubre cómo puedes ser parte de su misión de llevar el Evangelio al mundo.

Mis Intenciones de Oración para este Mes

"Hagan lo que Él les diga." (Juan 2:5)

Por mi familia:

_____

_____

_____

Por mis amigos y seres queridos:

_____

_____

_____

Por mi comunidad:

_____

_____

_____

Por el mundo:

_____

_____

_____

Mis reflexiones y oraciones personales:

_____

_____

_____

EVANGELIOS DOMINICALES DE
MAYO

Domingo, 4 de mayo de 2025
Juan 21,1-19
Jesús se aparece a sus discípulos y confirma la misión de Pedro

Después de su resurrección, Jesús se apareció nuevamente a sus discípulos junto al lago de Tiberíades. Allí estaban reunidos Simón Pedro, Tomás (apodado el Mellizo), Natanael, los hijos de Zebedeo y otros dos discípulos.

Pedro les dijo:
—Voy a pescar.

Ellos respondieron:
—Vamos contigo.

Salieron al mar, pero aquella noche no lograron pescar nada. Al amanecer, Jesús se presentó en la orilla, aunque ellos no lo reconocieron.

Jesús les preguntó:
—Amigos, ¿tenéis algo de comer?

Ellos respondieron:
—No.

Entonces Jesús les dijo:
—Echad la red a la derecha de la barca y encontraréis.

Así lo hicieron y la red se llenó de tal manera que no podían sacarla por la gran cantidad de peces. Ante esto, el discípulo amado le dijo a Pedro:
—¡Es el Señor!

Pedro, al escuchar estas palabras, se puso la túnica y se lanzó al agua para llegar más rápido. Los demás discípulos remaron hasta la orilla, arrastrando la red con los peces, pues estaban a unos cien metros de la tierra.

Al desembarcar, vieron unas brasas con pescado y pan. Jesús les dijo:
—Traed algunos de los peces que acabáis de pescar.

Simón Pedro fue y arrastró la red llena con ciento cincuenta y tres peces grandes. A pesar de ser tantos, la red no se rompió.

Jesús les dijo:
—Venid a desayunar.

Ninguno de los discípulos se atrevía a preguntarle quién era, pues sabían bien que era el Señor. Jesús tomó el pan y se lo dio, y lo mismo hizo con el pescado.

Después de comer, Jesús preguntó a Simón Pedro:
—Simón, hijo de Juan, ¿me amas más que estos?

Pedro respondió:
—Sí, Señor, tú sabes que te quiero.

Jesús le dijo:
—Apacienta mis corderos.

Por segunda vez le preguntó:
—Simón, hijo de Juan, ¿me amas?

Pedro volvió a responder:
—Sí, Señor, tú sabes que te quiero.

Jesús le dijo:
—Pastorea mis ovejas.

Por tercera vez Jesús le preguntó:
—Simón, hijo de Juan, ¿me quieres?

Pedro se entristeció porque le preguntaba por tercera vez y contestó:
—Señor, tú lo sabes todo, tú sabes que te quiero.

Jesús le dijo:
—Apacienta mis ovejas.

Y añadió:
—Cuando eras joven, te vestías e ibas donde querías, pero cuando seas viejo, extenderás tus manos y otro te vestirá y te llevará donde no quieras.

Con esto, Jesús indicaba la forma en que Pedro glorificaría a Dios con su muerte. Luego, le dijo:

—Sígueme.

REFLEXIÓN

Después de su Resurrección, Jesús se aparece a los discípulos junto al lago y les da una gran pesca milagrosa. Luego, le pregunta tres veces a Pedro: *"¿Me amas?"*, restaurándolo con amor.

Este evangelio nos invita a:

- **Escuchar el llamado de Jesús y confiar en su guía** en los momentos de incertidumbre.

- **Responder con amor a su pregunta:** *"¿Me amas?"*, reflejándolo en nuestras acciones diarias.

- **Seguir a Cristo con fidelidad**, como Pedro, que fue llamado a apacentar a sus ovejas.

ORACIÓN

Señor, quiero amarte con todo mi corazón y seguirte sin reservas. Enséñame a confiar en Ti y a servirte con fidelidad. **Amén.**

PARA MEDITAR

¿Cómo puedo demostrar hoy mi amor por Jesús?

_____

_____

_____

_____

_____

_____

_____

_____

_____

_____

Domingo, 11 de mayo de 2025
Juan 10,27-30
Mis ovejas escuchan mi voz y me siguen

Jesús dijo:

—Mis ovejas escuchan mi voz, yo las conozco y ellas me siguen. Yo les doy vida eterna y jamás perecerán; nadie podrá arrebatarlas de mi mano.

Mi Padre, que me las ha dado, es más grande que todos, y nadie puede arrebatarlas de la mano del Padre.

Yo y el Padre somos uno.

REFLEXIÓN

Jesús nos presenta la imagen del Buen Pastor, aquel que conoce a sus ovejas y les da vida eterna. Su amor es fiel y nos asegura que nada ni nadie podrá arrebatarnos de sus manos.

Este evangelio nos invita a:

- **Confiar en Jesús como nuestro Buen Pastor**, sabiendo que nos guía con amor.

- **Escuchar su voz en la oración y en la Palabra de Dios.**

- **Vivir con la certeza de que estamos seguros en sus manos.**

ORACIÓN

Jesús, mi Buen Pastor, gracias por guiarme y protegerme. Ayúdame a seguirte siempre con un corazón confiado. **Amén.**

PARA MEDITAR

¿Cómo puedo reconocer mejor la voz de Jesús en mi vida?

_____

_____

_____

_____

_____

_____

_____

_____

_____

_____

_____

Domingo, 18 de mayo de 2025
Juan 13,31-33a. 34-35
Os doy un mandamiento nuevo: que os améis unos a otros

Cuando Judas salió del cenáculo, Jesús dijo:

—Ahora es glorificado el Hijo del hombre, y Dios es glorificado en él. Si Dios es glorificado en él, también Dios lo glorificará en sí mismo, y lo hará pronto.

Hijos míos, me queda poco tiempo para estar con vosotros.

Os doy un mandamiento nuevo: que os améis unos a otros. Como yo os he amado, así también debéis amaros entre vosotros.

En esto reconocerán todos que sois mis discípulos: si os amáis los unos a los otros.

REFLEXIÓN

Jesús nos deja un mandamiento nuevo: *"Ámense los unos a los otros como yo los he amado"*. Este amor es la señal de que somos sus discípulos.

Este evangelio nos invita a:

- **Amar como Jesús nos ama**, con un amor generoso y desinteresado.

- **Ser testigos de Cristo a través del amor**, especialmente con quienes nos rodean.

- **Vivir con humildad y servicio**, porque el amor verdadero se expresa en acciones.

ORACIÓN

Señor, enséñame a amar con tu mismo amor, a ver a los demás con tus ojos y a vivir con un corazón abierto. **Amén.**

PARA MEDITAR

¿De qué manera puedo amar más a los demás esta semana?

_____

_____

_____

_____

_____

_____

_____

_____

_____

_____

Domingo, 25 de mayo de 2025
Juan 14, 23-29
El Espíritu Santo os recordará todo lo que os he enseñado

Jesús dijo a sus discípulos:
—El que me ama, guardará mi palabra, y mi Padre lo amará; vendremos a él y haremos morada en él.

El que no me ama, no guarda mis palabras. Y la palabra que estáis escuchando no es mía, sino del Padre que me ha enviado.

Os digo esto ahora que estoy con vosotros, pero el Defensor, el Espíritu Santo, que enviará el Padre en mi nombre, será quien os lo enseñe todo y os recordará cuanto yo os he dicho.

La paz os dejo, mi paz os doy; no os la doy como la da el mundo. Que vuestro corazón no tiemble ni se acobarde.

Me habéis oído decir: "Me voy y volveré a vosotros." Si me amarais, os alegraríais de que voy al Padre, porque el Padre es mayor que yo.

Os lo digo ahora, antes de que suceda, para que cuando ocurra, sigáis creyendo.

REFLEXIÓN

Jesús nos promete que, si lo amamos, el Padre y Él vendrán a habitar en nosotros. Nos deja su paz, una paz que no es como la del mundo, sino una paz profunda que llena el corazón.

Este evangelio nos invita a:

- **Permanecer en el amor de Dios**, haciendo su voluntad con confianza.
- **Recibir la paz de Cristo**, dejando a un lado el miedo y la preocupación.
- **Confiar en la presencia del Espíritu Santo**, que nos enseña y fortalece.

ORACIÓN

Jesús, dame tu paz, esa que el mundo no puede dar. Que tu amor habite en mi corazón y me haga reflejar tu presencia. **Amén.**

PARA MEDITAR

¿Qué me impide vivir con la paz que Jesús me quiere dar?

_____
_____
_____
_____
_____
_____
_____
_____
_____
_____
_____

Mi Encuentro con Dios Este Mes

"El Poderoso ha hecho obras grandes por mí: su nombre es santo."
(Lucas 1:49)

¿Qué evangelio me impactó más este mes y por qué?

_____

_____

_____

_____

¿Cómo he sentido la presencia de Dios en mi vida durante este mes?

_____

_____

_____

_____

¿Qué propósito espiritual quiero establecer para el próximo mes?

_____

_____

_____

_____

Mis pensamientos y agradecimientos:

_____

_____

_____

_____

_____

"Denles ustedes de comer" (Mc 6,37). Jesús nos enseña que, cuando compartimos con amor, Dios multiplica nuestras ofrendas. Que nuestras manos siempre estén abiertas para dar.

JUNIO

LA MULTIPLICACIÓN DE LOS PANES Y LOS PECES

¿Has pensado alguna vez en el amor incondicional que brota del Corazón de Cristo? Junio es el mes dedicado al **Sagrado Corazón de Jesús**, un símbolo profundo de Su misericordia infinita y Su amor por cada uno de nosotros. Este tiempo nos invita a acercarnos más a Él, a confiar en Su compasión y a permitir que Su gracia transforme nuestras vidas.

En la liturgia de junio, seguimos celebrando la **Pascua** y transitamos hacia el **Tiempo Ordinario**, un período donde se nos invita a vivir el mensaje de los evangelios en nuestra cotidianidad. En este contexto, las lecturas nos hablan del cuidado y la generosidad de Dios, recordándonos que somos llamados a reflejar Su amor en nuestras relaciones con los demás.

La solemnidad del **Sagrado Corazón de Jesús** nos invita a meditar en Su amor sacrificial y a abrir nuestros corazones a Su misericordia. Además, celebramos la fiesta de los **Santos Apóstoles Pedro y Pablo** (29 de junio), quienes con su testimonio nos enseñan a confiar plenamente en la misión que Dios nos encomienda, incluso en medio de las dificultades.

Preguntas para Reflexión:

- ¿Qué significa para mí experimentar el amor del Corazón de Cristo en mi vida diaria?

- ¿De qué manera estoy reflejando Su misericordia en mi trato con los demás?

- ¿Cómo puedo confiar más en el plan de Dios, siguiendo el ejemplo de Pedro y Pablo?

Propósito del Mes: Que este junio sea un tiempo para descansar en el amor del Sagrado Corazón de Jesús, renovar nuestra confianza en Su misericordia y comprometernos a vivir con generosidad y compasión, llevando Su mensaje de esperanza al mundo.

CALENDARIO LITÚRGICO – JUNIO 2025

Domingo	Lunes	Martes	Miércoles	Jueves	Viernes	Sábado
1 San Justino, mártir	2 Santos Marcelino y Pedro, mártires	3 Santos Carlos Lwanga y compañeros, mártires	4	5 San Bonifacio, obispo y mártir	6 San Norberto, obispo	7
8 Pentecostés	9 San Efrén, diácono y doctor María, Madre de la Iglesia	10	11 San Bernabé, apóstol	12 Jesucristo, Sumo y Eterno Sacerdote	13 San Antonio de Padua, sacerdote y doctor	14
15 Santísima Trinidad	16	17	18	19 San Romualdo, abad Cuerpo y Sangre de Cristo	20	21 San Luis Gonzaga, religioso
22 San Paulino de Nola, obispo San Juan Fisher, obispo y mártir San Tomás Moro, mártir	23	24 Natividad de San Juan Bautista	25	26	27 San Cirilo de Alejandría, obispo y doctor Sagrado Corazón de Jesús	28 San Ireneo, obispo y mártir Inmaculado Corazón de María
29 San Pedro y San Pablo, apóstoles	30 Primeros Mártires de la Iglesia de Roma					

↓

Intención del Papa para junio

Por las Familias en Dificultad

En junio, el Papa nos invita a orar por las familias que enfrentan dificultades, recordándonos que cada hogar es un reflejo del amor de Dios y una escuela de fe y esperanza. Este mes nos llama a ser solidarios con quienes atraviesan crisis económicas, emocionales o espirituales, y a acompañarlos con nuestra oración y acciones concretas.

La familia es el núcleo fundamental de la sociedad y la Iglesia, pero también es un lugar donde los desafíos cotidianos pueden poner a prueba la fe y la unidad. Como cristianos, estamos llamados a tender la mano, a escuchar y a ser apoyo para quienes lo necesitan, confiando en que el amor de Dios puede restaurar y fortalecer incluso las situaciones más difíciles.

Texto Oficial de la Intención:

"Oremos para que las familias en dificultad reciban el apoyo necesario y encuentren en la Iglesia una fuente de esperanza y consuelo."

Espacio para Reflexión Personal:

- ¿Cómo puedo ser un apoyo para las familias que enfrentan dificultades en mi comunidad?

- ¿Qué valores puedo promover en mi propio hogar para reflejar el amor de Dios?

- ¿Cómo puedo contribuir a que la Iglesia sea un espacio de acogida para las familias?

Escribe tus reflexiones aquí:

_____
_____
_____
_____
_____
_____
_____
_____
_____
_____
_____
_____
_____
_____
_____
_____
_____
_____
_____
_____
_____
_____
_____
_____
_____
_____

Este mes, además de orar, considera ofrecer tu tiempo y recursos para apoyar a las familias de tu comunidad. Participa en programas parroquiales, escucha a quienes atraviesan momentos difíciles y comparte el mensaje de esperanza del Evangelio.

Mis Intenciones de Oración para este Mes

"Yo estoy a la puerta y llamo; si alguien oye mi voz y abre la puerta, entraré." (Apocalipsis 3:20)

Por mi familia:

_____

_____

_____

Por mis amigos y seres queridos:

_____

_____

_____

Por mi comunidad:

_____

_____

_____

Por el mundo:

_____

_____

_____

Mis reflexiones y oraciones personales:

_____

_____

_____

EVANGELIOS DOMINICALES DE JUNIO

Domingo, 1 de junio de 2025
Lucas 24, 46-53
Mientras los bendecía, ascendió al cielo

Jesús dijo a sus discípulos:

—Así estaba escrito: el Mesías padecerá, resucitará de entre los muertos al tercer día y, en su nombre, se anunciará a todas las naciones la conversión y el perdón de los pecados, comenzando por Jerusalén.

Vosotros sois testigos de esto. Y yo enviaré sobre vosotros la promesa de mi Padre. Pero quedaos en la ciudad hasta que seáis revestidos con la fuerza de lo alto.

Luego los llevó hasta Betania, y levantando las manos, los bendijo. Y mientras los bendecía, se fue separando de ellos y ascendió al cielo.

Ellos se postraron ante él y regresaron a Jerusalén con gran alegría. Y permanecían en el templo alabando y bendiciendo a Dios.

REFLEXIÓN

Jesús asciende al cielo, pero no nos deja solos. Su partida no es un adiós, sino el comienzo de una nueva misión: ser sus testigos en el mundo, fortalecidos por el Espíritu Santo.

Este evangelio nos invita a:

- **Vivir con la esperanza del cielo**, sin olvidar nuestra misión en la tierra.

- **Ser testigos de Cristo**, compartiendo su mensaje con alegría.

- **Confiar en la presencia de Dios**, que nos acompaña en todo momento.

ORACIÓN

Señor Jesús, aunque ascendiste al cielo, sé que sigues conmigo. Ayúdame a vivir con alegría y a ser testigo de tu amor en el mundo. **Amén.**

PARA MEDITAR

¿Cómo puedo ser testigo de Cristo en mi vida diaria?

_____

_____

_____

_____

_____

_____

_____

_____

_____

_____

_____

Domingo, 8 de junio de 2025
Juan 20,19-23
Recibid el Espíritu Santo: así como el Padre me ha enviado, yo os envío a vosotros

Al anochecer de aquel primer día de la semana, los discípulos estaban reunidos en una casa con las puertas cerradas por miedo a los judíos. De repente, Jesús apareció en medio de ellos y les dijo:

—Paz a vosotros.

Y, diciendo esto, les mostró las manos y el costado. Los discípulos se llenaron de alegría al ver al Señor. Jesús les dijo de nuevo:

—Paz a vosotros. Como el Padre me ha enviado, así también os envío yo.

Dicho esto, sopló sobre ellos y añadió:

—Recibid el Espíritu Santo. A quienes les perdonéis los pecados, les serán perdonados; a quienes se los retengáis, les serán retenidos.

REFLEXIÓN

El Espíritu Santo viene a los discípulos y les da paz, fortaleza y poder para perdonar. Es el gran regalo de Dios para su Iglesia, quien nos guía y nos renueva.

Este evangelio nos invita a:

- **Abrir nuestro corazón al Espíritu Santo**, dejándonos transformar por su presencia.

- **Vivir en la paz de Cristo**, sin miedo ni angustia.

- **Ejercer el perdón**, como signo del amor de Dios en nosotros.

ORACIÓN

Espíritu Santo, ven a mi vida y llena mi corazón con tu paz, tu amor y tu sabiduría. **Amén.**

PARA MEDITAR

¿Cómo puedo permitir que el Espíritu Santo actúe más en mi vida?

_____

_____

_____

_____

_____

_____

_____

_____

_____

_____

_____

Domingo, 15 de junio de 2025
Juan 16,12-15
El Espíritu os guiará a la verdad plena

En aquel tiempo, Jesús dijo a sus discípulos:

—Muchas cosas me quedan por deciros, pero ahora no podéis comprenderlas. Sin embargo, cuando venga el Espíritu de la verdad, él os guiará hasta la verdad plena, porque no hablará por cuenta propia, sino que dirá lo que ha oído y os anunciará lo que está por venir.

Él me glorificará, porque tomará de lo mío y os lo comunicará. Todo lo que tiene el Padre es mío; por eso os digo que tomará de lo mío y os lo anunciará.

REFLEXIÓN

Jesús nos habla del misterio de la Trinidad: el Padre, el Hijo y el Espíritu Santo en perfecta comunión de amor. Nos revela que el Espíritu nos guiará a la verdad completa.

Este evangelio nos invita a:

- **Confiar en la guía del Espíritu Santo**, que nos enseña y fortalece.

- **Vivir en comunión con Dios y con los demás**, reflejando la unidad de la Trinidad.

- **Profundizar en el misterio de Dios**, amándolo con todo nuestro ser.

ORACIÓN

Santísima Trinidad, enséñame a vivir en tu amor y a reflejar tu unidad en mis relaciones con los demás. **Amén.**

PARA MEDITAR

¿Cómo puedo vivir en mayor comunión con Dios y con los demás?

_____

_____

_____

_____

_____

_____

_____

_____

_____

_____

_____

Domingo, 22 de junio de 2025
Lucas 9, 11b-17
Jesús alimenta a la multitud

En aquel tiempo, Jesús hablaba a la multitud sobre el reino de Dios y sanaba a quienes lo necesitaban.

Al caer la tarde, los Doce se acercaron y le dijeron:

—Despide a la gente para que vayan a las aldeas y caseríos cercanos a buscar alojamiento y comida, porque aquí estamos en un lugar desierto.

Jesús les respondió:

—Dadles vosotros de comer.

Ellos replicaron:

—Solo tenemos cinco panes y dos peces, a menos que vayamos a comprar comida para toda esta gente.

Eran unos cinco mil hombres. Entonces Jesús dijo a sus discípulos:

—Haced que se sienten en grupos de cincuenta.

Así lo hicieron y todos se acomodaron. Luego, Jesús tomó los cinco panes y los dos peces, levantó la mirada al cielo, pronunció la bendición, los partió y se los entregó a sus discípulos para que los distribuyeran. Todos comieron hasta saciarse, y todavía recogieron doce cestos con lo que sobró.

REFLEXIÓN

La multiplicación de los panes nos recuerda que Jesús es el Pan de Vida. Él nos alimenta con su Cuerpo y su Sangre, ofreciéndonos su presencia real en la Eucaristía.

Este evangelio nos invita a:

- **Valorar y vivir con amor la Eucaristía**, donde Jesús se nos da por completo.

- **Confiar en la providencia de Dios**, que siempre nos da lo que necesitamos.

- **Compartir con los demás**, especialmente con los que más lo necesitan.

ORACIÓN

Señor Jesús, gracias por alimentarme con tu Cuerpo y tu Sangre. Ayúdame a vivir siempre unido a Ti. **Amén.**

PARA MEDITAR

¿Cómo puedo vivir la Eucaristía con más devoción y gratitud?

_____
_____
_____
_____
_____
_____
_____
_____
_____

Domingo, 29 de junio de 2025
Mateo 16,13-19
Tú eres Pedro, y sobre esta piedra edificaré mi Iglesia

En aquel tiempo, al llegar a la región de Cesarea de Filipo, Jesús preguntó a sus discípulos:

—¿Quién dice la gente que es el Hijo del Hombre?

Ellos respondieron:

—Algunos dicen que es Juan el Bautista, otros que Elías, otros que Jeremías o alguno de los profetas.

Jesús les preguntó:

—Y vosotros, ¿quién decís que soy yo?

Simón Pedro tomó la palabra y dijo:

—Tú eres el Mesías, el Hijo de Dios vivo.

Jesús le respondió:

—Dichoso tú, Simón, hijo de Jonás, porque esto no te lo ha revelado ningún ser humano, sino mi Padre que está en el cielo. Ahora te digo: Tú eres Pedro, y sobre esta piedra edificaré mi Iglesia, y el poder del infierno no prevalecerá contra ella. Te daré las llaves del reino de los cielos: lo que ates en la tierra quedará atado en el cielo, y lo que desates en la tierra quedará desatado en el cielo.

REFLEXIÓN

Pedro reconoce a Jesús como el Mesías y recibe las llaves del Reino. En él y en Pablo vemos cómo Dios transforma a quienes lo siguen, dándoles una misión única.

Este evangelio nos invita a:

- **Reconocer a Jesús como el centro de nuestra vida**, con fe y decisión.

- **Confiar en que Dios nos fortalece**, a pesar de nuestras debilidades.

- **Ser valientes en nuestra fe**, como Pedro y Pablo, testigos de Cristo hasta el final.

ORACIÓN

Señor, dame una fe firme como la de Pedro y un corazón apasionado como el de Pablo para anunciarte con valentía. **Amén.**

PARA MEDITAR

¿Qué me inspira más de la vida de San Pedro y San Pablo?

_____
_____
_____
_____
_____
_____
_____
_____
_____

Mi Encuentro con Dios Este Mes

"Vengan a mí, todos los que están cansados y agobiados, y yo los aliviaré." (Mateo 11:28)

¿Qué evangelio me impactó más este mes y por qué?

_____
_____
_____
_____

¿Cómo he sentido la presencia de Dios en mi vida durante este mes?

_____
_____
_____
_____

¿Qué propósito espiritual quiero establecer para el próximo mes?

_____
_____
_____
_____

Mis pensamientos y agradecimientos:

_____
_____
_____
_____
_____
_____

"Ve y haz tú lo mismo" (Lc 10,37). El verdadero amor se expresa en la compasión. Jesús nos invita a detenernos ante el dolor del otro y a convertirnos en reflejo de su misericordia.

JULIO

EL BUEN SAMARITANO

¿Cómo respondemos al llamado de Dios en nuestra vida diaria? Julio nos invita a reflexionar sobre la fidelidad a Cristo y el compromiso de vivir como discípulos auténticos, llevando Su mensaje de amor y salvación al mundo. En este mes, la liturgia nos anima a confiar plenamente en la gracia de Dios y a caminar con valentía en el sendero que Él nos ha trazado.

Durante el **Tiempo Ordinario**, las lecturas nos recuerdan que la vida cristiana está llena de desafíos, pero también de oportunidades para crecer en la fe y en la entrega al prójimo. Jesús, con Su ejemplo, nos enseña a ser servidores humildes, a acoger al débil y a mantenernos firmes en la esperanza, incluso en medio de las pruebas.

En julio también celebramos la fiesta de **Nuestra Señora del Carmen** (16 de julio), una devoción que nos recuerda el cuidado maternal de María y su intercesión constante por nosotros. Su ejemplo nos inspira a decir "sí" a Dios, como ella lo hizo, confiando en Su plan para nuestras vidas.

Preguntas para Reflexión:

- ¿Cómo estoy viviendo mi fidelidad a Cristo en las pequeñas y grandes decisiones de mi vida?

- ¿De qué manera puedo ser un servidor más generoso con quienes me rodean?

- ¿Qué puedo aprender de la fortaleza y la fe de María en mi caminar espiritual?

Propósito del Mes: Que este julio sea un tiempo para renovar tu compromiso con Cristo, vivir con mayor entrega y confianza en Su gracia, y permitir que María, Nuestra Señora del Carmen, te guíe con su ejemplo de fe y amor.

CALENDARIO LITÚRGICO – JULIO 2025

Domingo	Lunes	Martes	Miércoles	Jueves	Viernes	Sábado
		1 San Junípero Serra, presbítero	2	3 Santo Tomás, apóstol	4 Santa Isabel de Portugal	5 San Antonio María Zacarías, presbítero
6 Santa María Goretti, virgen y mártir	7	8	9 San Agustín Zhao Rong y compañeros, mártires	10	11 San Benito, abad	12
13 San Enrique	14 San Camilo de Lelis, presbítero	15 San Buenaventura, obispo y doctor de la Iglesia	16 Nuestra Señora del Carmen	17	18	19
20 San Apolinar de Ravena, obispo y mártir	21 San Lorenzo de Brindis, presbítero y doctor de la Iglesia	22 Santa María Magdalena	23 Santa Brígida, religiosa	24 San Charbel Makhluf, presbítero	25 Santiago, apóstol	26 San Joaquín y Santa Ana, padres de la Virgen María
27	28	29 Santa Marta	30 San Pedro Crisólogo, obispo y doctor de la Iglesia	31 San Ignacio de Loyola, presbítero		

Intención del Papa para Julio

Por la Amistad Social

En julio, el Papa nos invita a orar por la construcción de la amistad social, ese vínculo esencial que nos permite convivir en armonía y trabajar juntos por el bien común. En un mundo a menudo marcado por divisiones, prejuicios y conflictos, esta intención nos llama a derribar barreras, a promover el diálogo y a sembrar semillas de unidad en nuestras comunidades.

La amistad social se construye con pequeños gestos de respeto, escucha y solidaridad. Como cristianos, estamos llamados a seguir el ejemplo de Jesús, quien acogía a todos sin distinción y siempre buscaba tender puentes de reconciliación.

Texto Oficial de la Intención:

"Oremos para que, en un mundo dividido, prevalezca la amistad social y el diálogo sobre el conflicto."

Espacio para Reflexión Personal:

- ¿Qué actitudes puedo cambiar para fomentar la amistad y la unidad en mi entorno?

- ¿Cómo puedo ser un puente de diálogo en situaciones de conflicto?

- ¿Qué puedo hacer este mes para promover el bien común en mi comunidad?

Escribe tus reflexiones aquí:

_____
_____
_____
_____
_____
_____
_____
_____
_____
_____
_____
_____
_____
_____
_____
_____
_____
_____
_____
_____
_____
_____
_____
_____
_____
_____

Además de orar, este mes es una oportunidad para practicar la escucha activa, interesarse genuinamente por los demás y buscar soluciones pacíficas en las diferencias. Recuerda que cada pequeño gesto de bondad contribuye a un mundo más unido.

Mis Intenciones de Oración para este Mes

"Ustedes son el cuerpo de Cristo y cada uno es miembro de este cuerpo." (1 Corintios 12:27)

Por mi familia:

_____

_____

_____

Por mis amigos y seres queridos:

_____

_____

_____

Por mi comunidad:

_____

_____

_____

Por el mundo:

_____

_____

_____

Mis reflexiones y oraciones personales:

_____

_____

_____

EVANGELIOS DOMINICALES DE JULIO

Domingo, 6 de julio de 2025
Lucas 10,1-12. 17-20
Jesús envía a los setenta y dos discípulos

En aquel tiempo, el Señor designó a otros setenta y dos discípulos y los envió de dos en dos a cada pueblo y lugar adonde él pensaba ir. Les dijo:

—La mies es abundante, pero los obreros son pocos. Rogad al dueño de la mies que envíe obreros a su campo. ¡Poneos en camino! Os envío como ovejas en medio de lobos. No llevéis bolsa, ni alforja, ni sandalias, y no os detengáis a saludar a nadie en el camino.

Cuando entréis en una casa, decid primero: «Paz a esta casa». Si allí hay alguien digno de paz, vuestra paz descansará sobre él; si no, volverá a vosotros. Quedaos en esa casa, comed y bebed lo que os ofrezcan, porque el obrero merece su salario. No andéis de casa en casa.

Si entráis en una ciudad y os reciben bien, comed lo que os sirvan, curad a los enfermos y decid: «El reino de Dios ha llegado a vosotros». Pero si no os reciben, salid a las plazas y decid: «Sacudimos hasta el polvo de vuestra ciudad que se nos ha pegado a los pies. Aun así, sabed que el reino de Dios ha llegado». Os aseguro que en el día del juicio, Sodoma será tratada con menos rigor que esa ciudad.

Los setenta y dos regresaron llenos de alegría y dijeron:

—Señor, hasta los demonios se nos someten en tu nombre.

Jesús les respondió:

—Veía a Satanás caer del cielo como un rayo. Os he dado poder para pisotear serpientes y escorpiones, y nada podrá haceros daño. Sin embargo, no os alegréis porque los espíritus se os someten; alegraos más bien porque vuestros nombres están escritos en el cielo.

REFLEXIÓN

Jesús envía a sus discípulos a predicar y les da instrucciones claras: ir con confianza, sin temer a la falta de recursos, y proclamar la paz en cada lugar que visiten. Al regresar, los discípulos se alegran por el poder que han recibido, pero Jesús les recuerda que la verdadera alegría está en que sus nombres están escritos en el cielo.

Este evangelio nos invita a:

- **Ser misioneros del amor de Dios**, compartiendo su mensaje con valentía.

- **Confiar en la providencia divina**, sabiendo que Dios nos da lo que necesitamos.

- **Alegrarnos en lo eterno**, poniendo nuestra felicidad en la amistad con Dios.

ORACIÓN

Señor, hazme un mensajero de tu paz y tu amor. Que mi alegría no dependa de lo pasajero, sino de estar siempre contigo. **Amén.**

PARA MEDITAR

¿Cómo puedo ser testigo del amor de Dios en mi entorno?

_____

_____

_____

_____

_____

_____

_____

_____

_____

Domingo, 13 de julio de 2025
Lucas 10, 25-37
La parábola del buen samaritano

En aquel tiempo, un maestro de la Ley se acercó a Jesús con la intención de ponerlo a prueba y le preguntó:

—Maestro, ¿qué debo hacer para heredar la vida eterna?

Jesús le respondió:

—¿Qué está escrito en la Ley? ¿Qué lees en ella?

El hombre contestó:

—Amarás al Señor, tu Dios, con todo tu corazón, con toda tu alma, con todas tus fuerzas y con todo tu ser; y a tu prójimo como a ti mismo.

Jesús le dijo:

—Has respondido bien. Haz esto y vivirás.

Pero el maestro de la Ley, queriendo justificarse, preguntó:

—¿Y quién es mi prójimo?

Jesús le contó esta parábola:

—Un hombre bajaba de Jerusalén a Jericó y fue asaltado por unos ladrones, que lo despojaron, lo golpearon y lo dejaron medio muerto. Por casualidad, un sacerdote pasó por el mismo camino, lo vio y siguió de largo. Luego, pasó un levita, lo vio y también siguió su camino.

Pero un samaritano que viajaba por allí lo vio y se conmovió. Se acercó a él, le curó las heridas con aceite y vino, y las vendó. Luego, lo montó en su propia cabalgadura, lo llevó a una posada y cuidó de él. Al día siguiente, sacó dos denarios, se los dio al posadero y le dijo:

—Cuida de él, y si gastas más, te lo pagaré cuando regrese.

Jesús concluyó:

—¿Cuál de los tres te parece que fue prójimo del hombre que cayó en manos de los ladrones?

El maestro de la Ley respondió:

—El que tuvo compasión de él.

Jesús le dijo:

—Ve y haz tú lo mismo.

REFLEXIÓN

La parábola del Buen Samaritano nos muestra que el verdadero amor no tiene límites. Jesús nos enseña que ser prójimo es más que una teoría: es actuar con misericordia ante el sufrimiento del otro.

Este evangelio nos invita a:

- **Vivir la compasión como un estilo de vida**, sin hacer distinciones.

- **Salir de nuestra indiferencia**, reconociendo a quienes necesitan nuestra ayuda.

- **Ser testigos del amor de Dios**, reflejándolo en nuestras acciones diarias.

ORACIÓN

Señor, dame un corazón compasivo y generoso para ver las necesidades de los demás y actuar con amor. **Amén.**

PARA MEDITAR

¿A quién puedo ayudar hoy con un gesto de amor y compasión?

_____

_____

_____

_____

_____

_____

_____

_____

_____

Domingo, 20 de julio de 2025
Lucas 10,38-42
María ha escogido la mejor parte

En aquel tiempo, Jesús entró en una aldea, donde una mujer llamada Marta lo recibió en su casa. Marta tenía una hermana, María, que se sentó a los pies del Señor y escuchaba su palabra.

Marta, en cambio, estaba ocupada con los preparativos y, acercándose, le dijo:

—Señor, ¿no te importa que mi hermana me haya dejado sola con todo el servicio? Dile que me ayude.

Pero Jesús le respondió:

—Marta, Marta, te preocupas y te agitas por muchas cosas, pero una sola es necesaria. María ha escogido la mejor parte, y no se le quitará.

REFLEXIÓN

Marta y María representan dos formas de acercarse a Jesús: el servicio y la contemplación. Marta se preocupa por muchas cosas, mientras que María elige estar a los pies del Maestro, escuchándolo.

Este evangelio nos invita a:

- **Equilibrar acción y oración**, sirviendo a Dios sin descuidar nuestra relación con Él.

- **Dar prioridad a la escucha de Jesús**, dejando de lado las distracciones innecesarias.

- **No dejarnos consumir por la preocupación**, confiando en que Dios nos sostiene.

ORACIÓN

Señor, enséñame a vivir con serenidad, a servirte con amor y a elegir siempre la mejor parte: estar contigo. **Amén.**

PARA MEDITAR

¿Dedico tiempo suficiente a escuchar a Jesús en mi día a día?

_____
_____
_____
_____
_____
_____
_____
_____
_____
_____

Domingo, 27 de julio de 2025
Lucas 11, 1-13
La oración confiada: "Pedid y se os dará"

Una vez, mientras Jesús oraba en cierto lugar, al terminar, uno de sus discípulos le pidió:

—Señor, enséñanos a orar, como Juan enseñó a sus discípulos.

Jesús les dijo:

—Cuando oréis, decid:

"Padre, santificado sea tu nombre, venga tu Reino, danos cada día nuestro pan, perdónanos nuestras ofensas, porque también nosotros perdonamos a los que nos ofenden, y no nos dejes caer en la tentación."

Y añadió:

—Si uno de vosotros tiene un amigo y acude a él en plena noche para pedirle tres panes, porque un amigo suyo ha llegado de viaje y no tiene qué ofrecerle, y el otro le responde desde dentro: "No me molestes, la puerta está cerrada y mis hijos y yo estamos acostados, no puedo levantarme a dártelos." Os aseguro que, aunque no se levante a dárselos por ser su amigo, al menos por su insistencia se levantará y le dará cuanto necesite.

Por eso os digo:

"Pedid y se os dará, buscad y hallaréis, llamad y se os abrirá; porque quien pide recibe, quien busca encuentra y a quien llama se le abre."

¿Qué padre entre vosotros, si su hijo le pide pan, le dará una piedra? ¿O si le pide un pez, le dará una serpiente? ¿O si le pide un huevo, le dará un escorpión?

Si vosotros, que sois imperfectos, sabéis dar cosas buenas a vuestros hijos, ¿cuánto más vuestro Padre celestial dará el Espíritu Santo a quienes se lo pidan?

REFLEXIÓN

Jesús nos enseña a orar con confianza. El *Padre Nuestro* es una oración sencilla pero profunda, donde pedimos lo esencial: el pan de cada día, el perdón y la fortaleza para seguir adelante.

Este evangelio nos invita a:

- **Confiar en Dios como nuestro Padre**, hablándole con sencillez y fe.

- **Ser perseverantes en la oración**, sabiendo que Dios siempre responde.

- **Vivir el perdón y la reconciliación**, como parte esencial de nuestra relación con Dios.

ORACIÓN

Padre celestial, enséñame a orar con confianza y a acercarme a Ti con un corazón sencillo y sincero. **Amén.**

PARA MEDITAR

¿Mi oración es constante y confiada, o solo acudo a Dios en momentos de necesidad?

_____

_____

_____

_____

_____

_____

_____

_____

_____

Mi Encuentro con Dios Este Mes

"Felices los que escuchan la Palabra de Dios y la guardan." (Lucas 11:28)

1. **¿Qué evangelio me impactó más este mes y por qué?**

_____

_____

_____

_____

2. **¿Cómo he sentido la presencia de Dios en mi vida durante este mes?**

_____

_____

_____

_____

3. **¿Qué propósito espiritual quiero establecer para el próximo mes?**

_____

_____

_____

_____

Mis pensamientos y agradecimientos:

_____

_____

_____

_____

_____

_____

"El que se humilla será enaltecido" (Lc 14,11). Jesús nos enseña que la verdadera grandeza está en servir. Que su ejemplo nos inspire a vivir con sencillez y entrega.

AGOSTO

LA HUMILDAD DE JESÚS

¿Has considerado lo que significa tener a María como guía en nuestro camino hacia Dios? Agosto nos regala una de las celebraciones más significativas del calendario litúrgico: la **Solemnidad de la Asunción de la Virgen María** (15 de agosto). Este misterio de fe nos recuerda que María, al final de su vida terrena, fue llevada al cielo en cuerpo y alma, como un anticipo de la gloria que también nos espera si seguimos fielmente a Cristo.

En este mes, la liturgia nos llama a vivir con esperanza, conscientes de que nuestra meta última es la comunión eterna con Dios. Las lecturas del Tiempo Ordinario nos enseñan que el camino al cielo se recorre con humildad, fe y un corazón dispuesto a amar. María es nuestro modelo perfecto, quien, con su "sí" a Dios, nos enseña a confiar plenamente en Su plan.

Agosto también es un mes para meditar en el misterio del Reino de Dios. Jesús, a través de Sus parábolas, nos muestra cómo ese Reino crece en el corazón de quienes lo aceptan, llevando frutos de paz, justicia y amor.

Preguntas para Reflexión:

- ¿De qué manera estoy abriendo mi corazón al Reino de Dios en mi vida diaria?

- ¿Cómo puedo imitar la humildad y la fe de María en mi caminar espiritual?

- ¿Qué acciones concretas puedo realizar para vivir con los ojos puestos en el cielo?

Propósito del Mes: Que este agosto sea un tiempo para mirar hacia el cielo con esperanza, confiando en la intercesión de María. Vive con el corazón dispuesto a seguir su ejemplo, recordando que cada pequeño acto de fe y amor contribuye a la construcción del Reino de Dios aquí en la tierra.

CALENDARIO LITÚRGICO – AGOSTO 2025

Domingo	Lunes	Martes	Miércoles	Jueves	Viernes	Sábado
					1 San Alfonso María de Ligorio, obispo y doctor de la Iglesia	2 San Eusebio de Vercelli, obispo San Pedro Julián Eymard, sacerdote
3	4 San Juan María Vianney, sacerdote	5 Dedicación de la Basílica de Santa María Mayor Beato Federico Janssoone	6 La Transfiguración del Señor	7 San Sixto II, papa, y compañeros, mártires San Cayetano, sacerdote	8 Santo Domingo, sacerdote	9 Santa Teresa Benedicta de la Cruz, virgen y mártir
10 San Lorenzo, diácono y mártir	11 Santa Clara, virgen	12 Santa Juana Francisca de Chantal, religiosa	13 San Ponciano, papa y mártir San Hipólito, sacerdote y mártir	14 San Maximiliano María Kolbe, sacerdote y mártir	15 La Asunción de la Virgen María	16 San Esteban de Hungría San Roque, sacerdote
17	18 San Alberto Hurtado	19 San Juan Eudes, sacerdote	20 San Bernardo de Claraval, abad y doctor de la Iglesia	21 San Pío X, papa	22 Santa María Reina	23
24 San Bartolomé, apóstol	25 San Luis San José de Calasanz, sacerdote	26 Beato Ceferino Namuncurá	27 Santa Mónica	28 San Agustín de Hipona, obispo y doctor de la Iglesia	29 El martirio de San Juan Bautista	30 Santa Rosa de Lima, virgen
31						

Intención del Papa para agosto

Por los Migrantes y Refugiados

En agosto, el Papa nos invita a dirigir nuestras oraciones hacia quienes han dejado su hogar en busca de una vida mejor. Migrantes y refugiados enfrentan desafíos inmensos: desarraigo, incertidumbre y, a menudo, rechazo. Esta intención nos llama a acogerlos con un corazón abierto y a reconocer en ellos el rostro de Cristo, que también experimentó la huida y el desamparo.

La Iglesia, como comunidad universal, está llamada a ser un refugio seguro, un lugar de acogida y esperanza para quienes buscan reconstruir sus vidas. La solidaridad con los migrantes no solo es un acto de caridad, sino un testimonio vivo de nuestra fe en un Dios que nos ama a todos sin distinción.

Texto Oficial de la Intención:

"Oremos para que quienes huyen de sus hogares por causa de conflictos, pobreza o persecución encuentren acogida y apoyo en sus nuevas comunidades."

Espacio para Reflexión Personal:

- ¿Cómo puedo mostrar empatía y solidaridad hacia los migrantes y refugiados en mi entorno?

- ¿Qué acciones concretas puedo realizar para aliviar su sufrimiento y darles esperanza?

- ¿De qué manera puedo fomentar una cultura de acogida y respeto en mi comunidad?

Escribe tus reflexiones aquí:

_____

_____

_____

_____

_____

_____

_____

_____

_____

_____

_____

_____

_____

_____

_____

_____

_____

_____

_____

_____

_____

_____

_____

Además de orar, busca maneras prácticas de apoyar a migrantes y refugiados en tu comunidad: dona recursos, participa en iniciativas parroquiales o simplemente comparte un gesto de bienvenida. Recuerda que cada acto de amor tiene el poder de transformar vidas.

Mis Intenciones de Oración para este Mes

"Hagan todo con amor." (1 Corintios 16:14)

Por mi familia:

_____

_____

_____

Por mis amigos y seres queridos:

_____

_____

_____

Por mi comunidad:

_____

_____

_____

Por el mundo:

_____

_____

_____

Mis reflexiones y oraciones personales:

_____

_____

_____

EVANGELIOS
DOMINICALES DE
AGOSTO

Domingo, 3 de agosto de 2025
Lucas 12,13-21
La parábola del hombre rico y necio

En aquel tiempo, alguien del público le dijo a Jesús:

—Maestro, dile a mi hermano que reparta la herencia conmigo.

Jesús le respondió:

—Hombre, ¿quién me ha puesto como juez o árbitro entre vosotros?

Y dijo a la multitud:

—Cuidado con la avaricia, porque la vida no depende de la abundancia de bienes.

Luego les contó una parábola:

—Había un hombre rico cuya cosecha fue muy abundante. Se preguntaba: "¿Qué haré? No tengo dónde guardar mi cosecha." Entonces decidió: "Derribaré mis graneros y construiré otros más grandes, donde almacenaré todo mi grano y mis bienes. Luego me diré a mí mismo: 'Tienes riquezas para muchos años; descansa, come, bebe y disfruta de la vida.'"

Pero Dios le dijo:

—¡Necio! Esta misma noche morirás, ¿y todo lo que has acumulado, de quién será?

Así sucede con quien acumula riquezas para sí, pero no es rico ante Dios.

REFLEXIÓN

Jesús nos advierte sobre el peligro de la codicia y nos recuerda que la vida no consiste en acumular bienes. La parábola del hombre rico que almacenaba sin pensar en Dios nos enseña a centrar nuestra vida en lo que realmente tiene valor.

Este evangelio nos invita a:

- **Buscar la verdadera riqueza**, aquella que se encuentra en Dios y no en las posesiones.

- **Vivir con generosidad**, compartiendo lo que tenemos con quienes nos rodean.

- **Poner nuestra confianza en Dios**, en lugar de preocuparnos excesivamente por lo material.

ORACIÓN

Señor, enséñame a vivir desprendido de las riquezas y a buscar en Ti mi mayor tesoro. **Amén.**

PARA MEDITAR

¿Estoy acumulando bienes materiales o tesoros en el cielo?

_____
_____
_____
_____
_____
_____
_____
_____
_____
_____
_____

Domingo, 10 de agosto de 2025
Lucas 12,32-48
Estad siempre preparados

En aquel tiempo, Jesús dijo a sus discípulos:

—No temáis, pequeño rebaño, porque vuestro Padre ha querido daros el Reino. Vended vuestros bienes y dad limosna. Haceos un tesoro en el cielo, donde no hay ladrones ni polilla que lo destruya, porque donde esté vuestro tesoro, allí estará también vuestro corazón.

Manteneos vigilantes, con la cintura ceñida y las lámparas encendidas, como quienes esperan el regreso de su señor para abrirle apenas llegue y llame. Dichosos los siervos a quienes el señor encuentre despiertos a su regreso; os aseguro que él mismo se ceñirá, los hará sentar a la mesa y los servirá.

Si supierais a qué hora llega el ladrón, estaríais prevenidos y no dejaríais que entrara en vuestra casa. Lo mismo vosotros: estad preparados, porque a la hora que menos penséis, vendrá el Hijo del hombre.

Pedro preguntó:

—Señor, ¿esta parábola es solo para nosotros o para todos?

Jesús respondió:

—¿Quién es el administrador fiel y prudente a quien su señor pone al frente de su casa para que reparta el alimento a su tiempo? Dichoso el siervo a quien su señor encuentre obrando así cuando llegue. Os aseguro que lo pondrá al frente de todos sus bienes.

Pero si aquel siervo piensa: «Mi señor tarda en venir», y empieza a maltratar a los demás, a comer y a beber en exceso, su señor vendrá el día menos esperado y lo castigará con los infieles.

A quien mucho se le ha dado, mucho se le exigirá; y a quien mucho se le ha confiado, más se le pedirá.

REFLEXIÓN

Jesús nos invita a vivir con confianza en Dios y a estar preparados para su venida. Nos recuerda que donde esté nuestro tesoro, ahí estará nuestro corazón.

Este evangelio nos invita a:

- **Vivir con vigilancia espiritual**, estando siempre listos para el encuentro con Dios.

- **Confiar en la providencia divina**, sin temer por el futuro.

- **Ser fieles en lo poco y en lo mucho**, administrando bien los dones que Dios nos ha dado.

ORACIÓN

Señor, ayúdame a mantener mi corazón despierto y a vivir con fidelidad cada día. **Amén.**

PARA MEDITAR

¿Dónde está mi verdadero tesoro?

_____
_____
_____
_____
_____
_____
_____
_____
_____
_____

Domingo, 17 de agosto de 2025
Lucas 12,49-53
No he venido a traer paz, sino división

En aquel tiempo, Jesús dijo a sus discípulos:

—He venido a encender un fuego en la tierra, ¡y cómo quisiera que ya estuviera ardiendo! Tengo que pasar por un bautismo, y qué angustia siento hasta que se cumpla.

¿Creéis que he venido a traer paz al mundo? No, os digo, sino división.

A partir de ahora, una familia de cinco estará dividida: tres contra dos y dos contra tres.

El padre estará contra el hijo y el hijo contra el padre; la madre contra la hija y la hija contra la madre; la suegra contra la nuera y la nuera contra la suegra.

REFLEXIÓN

Jesús nos habla de un fuego que ha venido a traer a la tierra: el fuego del Espíritu Santo, que transforma y enciende los corazones. Su mensaje nos desafía a tomar una decisión clara por Él.

Este evangelio nos invita a:

- **Permanecer firmes en la fe**, incluso cuando haya oposición.

- **Dejar que el fuego del amor de Dios nos transforme**, encendiendo nuestra vida con su presencia.

- **Seguir a Cristo con decisión**, sin miedo a las dificultades.

ORACIÓN

Señor, enciende en mi corazón el fuego de tu amor y ayúdame a ser fiel a tu llamado. **Amén.**

PARA MEDITAR

¿Estoy dispuesto a seguir a Jesús con valentía, aun cuando sea difícil?

_____
_____
_____
_____
_____
_____
_____
_____
_____

Domingo, 24 de agosto de 2025
Lucas 13, 22-30
Vendrán de oriente y occidente y se sentarán a la mesa en el reino de Dios

En aquel tiempo, Jesús, mientras iba de camino a Jerusalén, enseñaba en ciudades y aldeas.

Uno de los presentes le preguntó:
—Señor, ¿serán pocos los que se salven?

Jesús les respondió:
—Esforzaos por entrar por la puerta estrecha, porque os digo que muchos intentarán entrar y no podrán. Cuando el dueño de casa se levante y cierre la puerta, os quedaréis fuera llamando y diciendo: "Señor, ábrenos." Pero él responderá: "No sé quiénes sois."

Entonces diréis: "Hemos comido y bebido contigo, y enseñaste en nuestras plazas." Pero él insistirá: "No sé de dónde sois. Alejaos de mí, malvados."

Entonces habrá llanto y rechinar de dientes, cuando veáis a Abrahán, Isaac y Jacob, junto con los profetas en el reino de Dios, mientras vosotros sois echados fuera. Y vendrán de oriente y occidente, del norte y del sur, y se sentarán a la mesa en el reino de Dios.

Mirad: hay últimos que serán primeros, y primeros que serán últimos.

REFLEXIÓN

Jesús nos exhorta a entrar por la puerta estrecha y nos recuerda que no basta con conocerlo de palabra, sino que debemos vivir según su voluntad.

Este evangelio nos invita a:

- **Seguir a Jesús con autenticidad**, no solo de forma superficial.

- **Esforzarnos en nuestra vida espiritual**, sin caer en la comodidad.

- **Ser humildes**, recordando que los últimos serán los primeros en el Reino de Dios.

ORACIÓN

Señor, ayúdame a entrar por la puerta estrecha, confiando en tu gracia y esforzándome por seguirte fielmente. **Amén.**

PARA MEDITAR

¿Estoy viviendo mi fe con compromiso o solo de manera superficial?

_____
_____
_____
_____
_____
_____
_____
_____
_____
_____

Domingo, 31 de agosto de 2025
Lucas 14,1.7-14
El que se enaltece será humillado y el que se humilla será enaltecido

Un sábado, Jesús fue a comer a casa de uno de los principales fariseos, y ellos lo observaban atentamente.

Viendo cómo los invitados buscaban los primeros lugares en la mesa, les contó esta parábola:

«Cuando te inviten a una boda, no ocupes el primer lugar, no sea que haya otro invitado más distinguido que tú, y el anfitrión te diga: "Cédele el puesto a este otro." Entonces, avergonzado, tendrás que ir al último lugar.

Al contrario, cuando te inviten, siéntate en el último lugar, para que cuando llegue el anfitrión te diga: "Amigo, sube más arriba." Así recibirás honra delante de todos los invitados.

Porque todo el que se enaltece será humillado, y el que se humilla será enaltecido.»

Luego dijo al que lo había invitado:

«Cuando organices un almuerzo o una cena, no invites solo a tus amigos, hermanos, parientes o vecinos ricos, porque ellos te corresponderán con otra invitación y ya habrás recibido tu recompensa.

Al contrario, cuando des un banquete, invita a los pobres, los lisiados, los cojos y los ciegos. Dichoso tú, porque ellos no tienen con qué pagarte. Pero recibirás tu recompensa en la resurrección de los justos.»

REFLEXIÓN

Jesús nos enseña sobre la humildad y el servicio. Nos recuerda que el verdadero honor no está en buscar los primeros lugares, sino en vivir con sencillez y generosidad.

Este evangelio nos invita a:

- **Vivir con humildad**, sin buscar reconocimiento.

- **Ser generosos**, dando sin esperar nada a cambio.

- **Poner nuestra confianza en Dios**, que es quien realmente nos eleva.

ORACIÓN

Señor, enséñame a vivir con humildad y a servir a los demás con amor sincero. **Amén.**

PARA MEDITAR

¿Estoy sirviendo a los demás con humildad y sin esperar reconocimiento?

_____

_____

_____

_____

_____

_____

_____

_____

_____

_____

Mi Encuentro con Dios Este Mes

"El Espíritu del Señor está sobre mí, porque él me ha ungido."
(Lucas 4:18)

¿Qué evangelio me impactó más este mes y por qué?

_____

_____

_____

_____

¿Cómo he sentido la presencia de Dios en mi vida durante este mes?

_____

_____

_____

_____

¿Qué propósito espiritual quiero establecer para el próximo mes?

_____

_____

_____

_____

Mis pensamientos y agradecimientos:

_____

_____

_____

_____

_____

"El que quiera venir en pos de mí, que tome su cruz y me siga" (Mc 8,34). La cruz no es el final, sino el camino a la gloria. En cada dificultad, confiemos en que Dios nos sostiene.

SEPTIEMBRE

LA CRUZ DE CRISTO

¿Qué lugar ocupa la Palabra de Dios en tu vida cotidiana? Septiembre nos invita a redescubrir la fuerza transformadora de las Escrituras, reconociéndolas como alimento espiritual y guía para nuestro caminar diario. Este mes, marcado por la **Fiesta de San Jerónimo** (30 de septiembre), el gran traductor de la Biblia al latín, nos llama a profundizar en el conocimiento y amor por la Palabra de Dios.

La liturgia de este mes, inmersa en el **Tiempo Ordinario**, nos presenta a Jesús enseñando con parábolas, respondiendo con sabiduría a las preguntas de Sus discípulos, y llamando a todos a la conversión. Es un tiempo para escuchar con atención y dejarnos moldear por el mensaje del Evangelio, que ilumina cada aspecto de nuestra vida.

En septiembre también celebramos la fiesta de la **Exaltación de la Santa Cruz** (14 de septiembre). Esta celebración nos recuerda que la cruz, signo de sufrimiento y muerte, se convierte en fuente de redención y vida eterna. Nos invita a abrazar nuestras cruces con fe, sabiendo que en Cristo encontramos fortaleza y esperanza.

Preguntas para Reflexión:

- ¿Estoy dedicando tiempo a leer y meditar la Palabra de Dios cada día?

- ¿De qué manera puedo aplicar las enseñanzas del Evangelio en mis relaciones y decisiones?

- ¿Qué significa para mí la cruz de Cristo en mi vida diaria?

Propósito del Mes: Que este septiembre sea un tiempo para enamorarte de las Escrituras, encontrar en ellas una guía para tu vida y vivir con gratitud el misterio de la cruz, que nos lleva a la victoria de la resurrección.

CALENDARIO LITÚRGICO – SEPTIEMBRE 2025

Domingo	Lunes	Martes	Miércoles	Jueves	Viernes	Sábado
	1	2	3 San Gregorio Magno, papa y doctor	4 Beata Dina Belanger	5	6
7	8 Natividad de la Virgen María	9 San Pedro Claver, presbítero	10	11	12 Santísimo Nombre de María	13 San Juan Crisóstomo, obispo y doctor
14 Exaltación de la Santa Cruz	15 Nuestra Señora de los Dolores	16 San Cornelio, papa y San Cipriano, obispo y mártir	17 San Roberto Belarmino, obispo y doctor	18	19 San Jenaro, obispo y mártir	20 Santos Andrés Kim Taegon, presbítero, Pablo Chong Hasang y compañeros mártires
21 San Mateo, apóstol y evangelista	22	23 San Pío de Pietrelcina, presbítero	24 Nuestra Señora de la Merced	25	26 Santos Cosme y Damián, mártires	27 San Vicente de Paúl, presbítero
28 San Wenceslao, mártir y San Lorenzo Ruiz y compañeros mártires	29 Santos Miguel, Gabriel y Rafael, arcángeles	30 San Jerónimo, presbítero y doctor				

Intención del Papa para septiembre

Por el Cuidado de la Creación

En septiembre, el Papa nos llama a reflexionar y orar por la casa común, nuestro planeta, que Dios nos ha confiado. Esta intención nos invita a comprometernos con el cuidado del medio ambiente, recordando que la creación es un regalo que debemos proteger para las generaciones presentes y futuras.

El grito de la tierra y el de los pobres están entrelazados. Los desequilibrios ecológicos afectan de manera especial a los más vulnerables. Como cristianos, estamos llamados a vivir una ecología integral que armonice el cuidado del planeta con la dignidad humana, promoviendo un estilo de vida que refleje nuestra gratitud y responsabilidad hacia Dios.

Texto Oficial de la Intención:

"Oremos para que todos cuidemos de la creación y usemos los recursos con responsabilidad, reconociendo en ellos un don de Dios."

Espacio para Reflexión Personal:

- ¿Qué cambios puedo realizar en mi estilo de vida para cuidar mejor de la creación?

- ¿Cómo puedo influir en mi comunidad para promover prácticas sostenibles?

- ¿De qué manera estoy viviendo la responsabilidad de proteger el planeta como un acto de fe?

Escribe tus reflexiones aquí:

_____

_____

_____

_____

_____

_____

_____

_____

_____

_____

_____

_____

_____

_____

_____

_____

_____

_____

_____

_____

_____

_____

_____

_____

_____

_____

Este mes, además de orar, considera acciones prácticas para cuidar del medio ambiente: reducir el consumo, reciclar, plantar árboles o participar en iniciativas ecológicas. Recuerda que incluso los pequeños gestos pueden tener un impacto profundo cuando son realizados con amor y fe.

Mis Intenciones de Oración para este Mes

"Tu Palabra es lámpara para mis pies y luz en mi camino." (Salmo 119:105)

Por mi familia:

_____

_____

_____

Por mis amigos y seres queridos:

_____

_____

_____

Por mi comunidad:

_____

_____

_____

Por el mundo:

_____

_____

_____

Mis reflexiones y oraciones personales:

_____

_____

_____

EVANGELIOS DOMINICALES DE
SEPTIEMBRE

Domingo, 7 de septiembre de 2025
Lucas 14, 25-33
Seguir a Jesús requiere una entrega total

Una gran multitud acompañaba a Jesús cuando él se volvió y les dijo:

—Si alguien quiere seguirme, pero no está dispuesto a ponerme por encima de su padre, su madre, su esposa, sus hijos, sus hermanos y hermanas, e incluso de su propia vida, no puede ser mi discípulo.

Quien no carga con su cruz y me sigue, no puede ser mi discípulo.

Piensa en alguien que quiere construir una torre. ¿No se sentará primero a calcular si tiene lo necesario para terminarla? Si no lo hace y solo pone los cimientos sin poder completarla, todos los que lo vean se burlarán diciendo: «Este hombre comenzó a construir, pero no pudo terminar.»

O considera un rey que se prepara para enfrentarse en batalla contra otro. ¿No analizará primero si con diez mil hombres puede hacer frente al ejército que viene contra él con veinte mil? Si se da cuenta de que no puede, enviará una delegación para negociar la paz antes de que el enemigo llegue.

De la misma manera, quien no esté dispuesto a renunciar a todo lo que tiene, no puede ser mi discípulo.

REFLEXIÓN

Jesús nos invita a seguirlo con un compromiso total. No se trata de una decisión a medias, sino de una entrega que transforma toda nuestra vida. Nos llama a renunciar a lo que nos impide vivir plenamente su Evangelio.

Este evangelio nos invita a:

- **Seguir a Jesús con decisión**, sin miedo a las exigencias de la fe.

- **Poner a Dios en el primer lugar de nuestra vida**, por encima de cualquier otra cosa.

- **Reflexionar sobre nuestras prioridades**, asegurándonos de que estamos caminando hacia la verdadera vida en Cristo.

ORACIÓN

Señor, ayúdame a seguirte con un corazón entero, sin reservas ni condiciones. Que mi vida refleje mi amor por Ti. **Amén.**

PARA MEDITAR

¿Qué cosas en mi vida me impiden seguir a Jesús con total entrega?

_____
_____
_____
_____
_____
_____
_____
_____
_____

Domingo, 14 de septiembre de 2025
Juan 3,13-17
El Hijo del Hombre debe ser elevado para dar vida eterna

En aquel tiempo, Jesús dijo a Nicodemo:

—Nadie ha subido al cielo sino el que bajó del cielo, el Hijo del Hombre. Y así como Moisés elevó la serpiente en el desierto, también el Hijo del Hombre debe ser elevado, para que todo el que crea en él tenga vida eterna.

Porque tanto amó Dios al mundo que entregó a su Hijo único, para que todo el que cree en él no perezca, sino que tenga vida eterna.

Dios no envió a su Hijo al mundo para condenarlo, sino para que el mundo se salve por él.

REFLEXIÓN

La Cruz no es un símbolo de derrota, sino de victoria. En ella, Jesús nos muestra el amor más grande: dar su vida para salvarnos. Nos invita a mirar la Cruz no con temor, sino con gratitud y esperanza.

Este evangelio nos invita a:

- **Reconocer el amor infinito de Dios**, que entregó a su Hijo por nuestra salvación.

- **Abrazar nuestra propia cruz**, confiando en que Dios nos sostiene en las pruebas.

- **Vivir con fe y gratitud**, sabiendo que la Cruz es el camino a la Resurrección.

ORACIÓN

Señor Jesús, gracias por amarme hasta la Cruz. Ayúdame a confiar en tu amor y a cargar mi cruz con esperanza. **Amén.**

PARA MEDITAR

¿Cómo puedo mirar la Cruz como un signo de amor y salvación en mi vida?

_____
_____
_____
_____
_____
_____
_____
_____
_____

Domingo, 21 de septiembre de 2025
Lucas 16,1-13
La astucia del administrador infiel y la lealtad a Dios

Jesús dijo a sus discípulos:

"Había un hombre rico que tenía un administrador, y le llegaron noticias de que estaba malgastando sus bienes. Entonces lo llamó y le dijo: «Rinde cuentas de tu administración, porque vas a ser despedido.»

El administrador pensó:

"¿Qué haré ahora que pierdo mi puesto? No tengo fuerzas para cavar, y mendigar me da vergüenza. ¡Ya sé! Haré algo para que, cuando me despidan, haya quienes me reciban en sus casas."

Llamó a los deudores de su amo y les propuso reducir sus deudas. Al primero le dijo:

"¿Cuánto debes a mi señor?"

Él respondió:

"Cien barriles de aceite."

Entonces el administrador le indicó:

"Toma tu recibo, siéntate rápido y escribe cincuenta."

Luego, preguntó a otro:

"¿Cuánto debes?"

Él contestó:

"Cien medidas de trigo."

Y el administrador le dijo:

"Aquí está tu recibo, escribe ochenta."

Cuando el amo se enteró, elogió la astucia de su administrador, aunque era injusto, porque supo actuar con sagacidad.

Jesús concluyó:

*"Los hijos de este mundo son más astutos en sus negocios que los hijos de la luz. Y yo os digo: Haceos amigos con las riquezas de este mundo, para que cuando estas os falten, os reciban en las moradas eternas.

El que es fiel en lo poco también lo es en lo mucho; y el que no es honesto en lo poco, tampoco lo será en lo mucho. Si no habéis sido fieles con las riquezas injustas, ¿quién os confiará las verdaderas? Y si no fuisteis fieles en lo ajeno, ¿quién os dará lo que es vuestro?

Ningún siervo puede servir a dos amos, porque odiará a uno y amará al otro, o se entregará al primero y despreciará al segundo. No podéis servir a Dios y al dinero."*

REFLEXIÓN

La parábola del administrador astuto nos invita a reflexionar sobre cómo usamos los bienes que Dios nos ha dado. Jesús nos llama a ser fieles en lo pequeño y a servir solo a Dios, sin dejarnos dominar por el dinero.

Este evangelio nos invita a:

- **Administrar bien nuestros bienes**, usándolos para el bien y no solo para nuestro beneficio.

- **Ser fieles en lo pequeño**, porque en lo cotidiano se demuestra nuestra verdadera actitud ante Dios.

- **Poner a Dios por encima del dinero**, evitando que las riquezas nos alejen de Él.

ORACIÓN

Señor, dame sabiduría para administrar bien todo lo que me has dado y ayúdame a vivir con un corazón desprendido. **Amén.**

PARA MEDITAR

¿Estoy usando mis bienes de manera que reflejen mi fe en Dios?

_____

_____

_____

_____

_____

_____

_____

_____

_____

Domingo, 28 de septiembre de 2025
Lucas 16,19-31
El rico y Lázaro: la gran diferencia entre esta vida y la eternidad

Jesús contó esta parábola a los fariseos:

*"Había un hombre rico que vestía lujosamente y celebraba grandes banquetes cada día. A la puerta de su casa, cubierto de llagas, yacía un mendigo llamado Lázaro, que anhelaba saciarse con las migajas que caían de la mesa del rico. Incluso los perros venían a lamerle las heridas.

Un día, el mendigo murió y los ángeles lo llevaron al seno de Abrahán. También murió el rico y fue sepultado. Desde su tormento en el infierno, el rico alzó la vista y vio a Lázaro junto a Abrahán.

Entonces gritó: 'Padre Abrahán, ten piedad de mí y envía a Lázaro para que moje la punta de su dedo en agua y refresque mi lengua, porque sufro en estas llamas'.

Abrahán respondió: 'Hijo, recuerda que en vida tú recibiste bienes y Lázaro padeció males; por eso ahora él recibe consuelo y tú, tormento. Además, entre nosotros y vosotros hay un abismo infranqueable'.

El rico insistió: 'Entonces, te ruego que envíes a Lázaro a la casa de mi padre, donde tengo cinco hermanos, para que les advierta y no vengan a este lugar de sufrimiento'.

Abrahán contestó: 'Tienen a Moisés y a los profetas; que los escuchen'.

Pero el rico replicó: 'No, padre Abrahán, si un muerto va a ellos, se arrepentirán'.

Abrahán concluyó: 'Si no escuchan a Moisés y a los profetas, tampoco creerán aunque alguien resucite de entre los muertos'."*

REFLEXIÓN

La parábola del rico y Lázaro nos advierte sobre la indiferencia ante el sufrimiento de los demás. El rico tenía todo, pero no vio a Lázaro, el pobre que estaba a su puerta. Jesús nos llama a abrir los ojos y el corazón.

Este evangelio nos invita a:

- **No ser indiferentes ante el dolor ajeno**, ayudando a quienes más lo necesitan.

- **Vivir con generosidad**, compartiendo lo que tenemos con amor
.
- **Escuchar la Palabra de Dios y ponerla en práctica**, sin esperar señales extraordinarias.

ORACIÓN

Señor, ayúdame a ver a los demás con ojos de compasión y a vivir con un corazón generoso. **Amén.**

PARA MEDITAR

¿Estoy atento a las necesidades de los demás o vivo encerrado en mi comodidad?

_____
_____
_____
_____
_____
_____
_____
_____
_____
_____

Mi Encuentro con Dios Este Mes

"Tu Palabra es lámpara para mis pies y luz en mi camino." (Salmo 119:105)

¿Qué evangelio me impactó más este mes y por qué?

_____

_____

_____

_____

¿Cómo he sentido la presencia de Dios en mi vida durante este mes?

_____

_____

_____

_____

¿Qué propósito espiritual quiero establecer para el próximo mes?

_____

_____

_____

_____

Mis pensamientos y agradecimientos:

_____

_____

_____

_____

_____

_____

"Si tuvieran fe como un grano de mostaza..." (Lc 17,6).
La fe, aunque pequeña, puede mover montañas. Confiemos en el poder de Dios y dejemos que su gracia haga crecer nuestra vida espiritual.

OCTUBRE

LA FE COMO UN GRANO DE MOSTAZA

¿Te has preguntado cómo puedes llevar el mensaje de Cristo a los demás? Octubre, conocido como el **Mes de las Misiones**, nos invita a renovar nuestro compromiso como discípulos misioneros, compartiendo la alegría del Evangelio en nuestras familias, comunidades y el mundo. Este llamado es una extensión del mandato de Jesús: *"Vayan y hagan discípulos a todos los pueblos"* (Mt 28,19).

La celebración del **Domingo Mundial de las Misiones (DOMUND)** nos recuerda que la misión no es solo para unos pocos, sino para todos los bautizados. No importa dónde estemos o qué hagamos, cada uno de nosotros está llamado a ser testigo del amor de Dios con nuestras palabras y acciones.

Además, octubre es el **Mes del Rosario**, un tiempo para profundizar en nuestra relación con María, quien nos guía hacia Cristo. A través de la meditación de los misterios del Rosario, recorremos la vida de Jesús y encontramos inspiración para vivir con fe, humildad y amor.

Preguntas para Reflexión:

- ¿Cómo estoy respondiendo al llamado de ser un discípulo misionero en mi entorno?

- ¿De qué manera puedo integrar la oración del Rosario en mi vida diaria?

- ¿Qué puedo aprender de la entrega de los misioneros para vivir con mayor generosidad?

Propósito del Mes: Que este octubre sea un tiempo para renovar tu espíritu misionero, fortalecer tu vida de oración a través del Rosario, y compartir con alegría el mensaje de esperanza y amor de Cristo en cada rincón de tu vida.

CALENDARIO LITÚRGICO – OCTUBRE 2025

Domingo	Lunes	Martes	Miércoles	Jueves	Viernes	Sábado
			1 Santa Teresita del Niño Jesús, virgen y doctora	2 Santos Ángeles Custodios	3	4 San Francisco de Asís
5 Santa María Faustina Kowalska	6 San Bruno, presbítero	7 Nuestra Señora del Rosario	8	9 San Dionisio y compañeros mártires	10	11 San Juan XXIII, papa
12 Nuestra Señora del Pilar	13	14 San Calixto I, papa y mártir	15 Santa Teresa de Jesús, virgen y doctora	16 San Gerardo Mayela	17 San Ignacio de Antioquía, obispo y mártir	18 San Lucas, evangelista
19 San Pablo de la Cruz, presbítero	20 Santa Irene de Tancor	21	22	23 San Juan de Capistrano, presbítero	24 San Antonio María Claret, obispo	25
26	27	28 San Simón y San Judas, apóstoles	29	30	31	

Intención del Papa para octubre

Por los Misioneros y la Evangelización

En octubre, el Papa nos invita a dirigir nuestras oraciones hacia quienes dedican sus vidas a la misión evangelizadora de la Iglesia. Los misioneros son testigos del Evangelio en los lugares más necesitados, llevando el mensaje de amor, esperanza y salvación de Cristo a quienes aún no lo conocen o a quienes necesitan fortalecer su fe.

El **Domingo Mundial de las Misiones (DOMUND)**, celebrado este mes, nos recuerda que la misión no es solo para unos pocos, sino para todos los bautizados. Cada uno de nosotros está llamado a vivir y compartir la fe desde donde estamos, contribuyendo a la construcción del Reino de Dios con nuestras palabras y acciones.

Texto Oficial de la Intención:

"Oremos para que los misioneros y evangelizadores sean fortalecidos en su vocación y que todos los cristianos asuman su responsabilidad misionera en la vida cotidiana."

Espacio para Reflexión Personal:

- ¿Cómo puedo apoyar la misión evangelizadora de la Iglesia desde mi entorno?
- ¿Qué pasos puedo dar para compartir mi fe con quienes me rodean?
- ¿De qué manera puedo ser un testigo del amor de Cristo en mi vida diaria?

Escribe tus reflexiones aquí:

_____
_____
_____
_____
_____
_____
_____
_____
_____
_____
_____
_____
_____
_____
_____
_____
_____
_____
_____
_____
_____
_____
_____
_____
_____
_____

Este mes, además de orar, apoya a los misioneros con tus recursos, tiempo o talento. Participa en el DOMUND, ayuda a difundir el mensaje del Evangelio en tu comunidad, y recuerda que cada acto de amor y servicio es una forma de evangelizar.

Mis Intenciones de Oración para este Mes

"Levántense, no tengan miedo." (Mateo 17:7)

Por mi familia:

_____

_____

_____

Por mis amigos y seres queridos:

_____

_____

_____

Por mi comunidad:

_____

_____

_____

Por el mundo:

_____

_____

_____

Mis reflexiones y oraciones personales:

_____

_____

_____

EVANGELIOS DOMINICALES DE
OCTUBRE

Domingo, 5 de octubre de 2025
Lucas 17, 5-10
La fe mueve montañas y el servicio es un deber

Los apóstoles dijeron al Señor:

"Auméntanos la fe."

Jesús respondió:

*"Si tuvierais fe del tamaño de un grano de mostaza, podríais decir a esta morera: 'Arráncate de raíz y plántate en el mar', y os obedecería.

Imaginad que uno de vosotros tiene un siervo que trabaja arando o pastoreando. Cuando regresa del campo, ¿acaso le dirá: 'Entra enseguida y siéntate a la mesa'? ¿No le dirá más bien: 'Prepárame la cena, cíñete y sírveme mientras como y bebo, y después comerás y beberás tú'?

¿Acaso se le da las gracias al siervo por hacer lo que se le mandó?

Así también vosotros, cuando hayáis hecho todo lo que se os ha mandado, decid: 'Somos siervos inútiles, hemos hecho lo que debíamos hacer.'"*

REFLEXIÓN

Los discípulos le piden a Jesús que aumente su fe, y Él responde con una imagen poderosa: basta una fe del tamaño de un grano de mostaza para mover montañas. Nos recuerda que la fe no se mide en cantidad, sino en confianza y entrega.

Este evangelio nos invita a:

- **Confiar en Dios con una fe sencilla y sincera**, sin depender de pruebas visibles.

- **Vivir con humildad**, sabiendo que todo lo que hacemos es por gracia de Dios.

- **Servir con amor y desinterés**, reconociendo que somos siervos del Señor.

ORACIÓN

Señor, aumenta mi fe para confiar más en Ti. Que mi vida refleje la humildad y el amor que Tú nos enseñas. **Amén.**

PARA MEDITAR

¿Confío plenamente en Dios o mi fe depende de las circunstancias?

_____
_____
_____
_____
_____
_____
_____
_____
_____
_____

Domingo, 12 de octubre de 2025
Lucas 17, 11-19
La gratitud de un extranjero

Mientras Jesús iba camino a Jerusalén, pasó entre Samaria y Galilea. Al entrar en un pueblo, diez leprosos salieron a su encuentro, pero se detuvieron a lo lejos y, levantando la voz, suplicaron: «Jesús, Maestro, ten compasión de nosotros.»

Jesús, al verlos, les dijo: «Id y presentaos ante los sacerdotes.» Y, mientras iban de camino, quedaron sanos.

Uno de ellos, al verse curado, regresó alabando a Dios en voz alta. Se postró a los pies de Jesús y le dio las gracias. Era un samaritano. Jesús entonces preguntó: «¿No fueron diez los que quedaron sanos? ¿Dónde están los otros nueve? ¿Sólo este extranjero ha vuelto para dar gloria a Dios?»

Y le dijo: «Levántate y vete; tu fe te ha salvado.»

REFLEXIÓN

Jesús sana a diez leprosos, pero solo uno regresa para darle gracias. Este evangelio nos muestra la importancia de la gratitud y la fe, que van de la mano.

Este evangelio nos invita a:

- **Agradecer a Dios siempre**, reconociendo sus bendiciones en nuestra vida.

- **Volver a Jesús**, no solo cuando necesitamos algo, sino en todo momento.

- **Vivir con una fe profunda y agradecida**, que transforme nuestro corazón.

ORACIÓN

Señor, ayúdame a ser agradecido y a reconocer todo lo que haces por mí. Que mi fe sea fuerte y mi gratitud sincera. **Amén.**

PARA MEDITAR

¿Soy una persona agradecida con Dios y con los demás?

_____
_____
_____
_____
_____
_____
_____
_____
_____
_____

Domingo, 19 de octubre de 2025
Lucas 18, 1-8
La perseverancia en la oración

Jesús quiso enseñar a sus discípulos que debían orar siempre sin desanimarse y les contó esta parábola:

«En una ciudad había un juez que no temía a Dios ni le importaban los hombres. También vivía allí una viuda que acudía constantemente a él, suplicándole: "Hazme justicia frente a mi adversario."

Por un tiempo, el juez se negó, pero luego pensó: "Aunque no temo a Dios ni me importan los hombres, esta viuda me está fastidiando. Le haré justicia para que no siga insistiendo y termine agotándome."»

Y el Señor añadió:

«Fijaos en lo que dice este juez injusto. ¿No hará Dios justicia a sus elegidos, que claman a él día y noche? ¿Creéis que los hará esperar? Os aseguro que les hará justicia sin demora.

Pero cuando venga el Hijo del Hombre, ¿encontrará esta fe en la tierra?»

REFLEXIÓN

La parábola de la viuda insistente nos enseña la importancia de la perseverancia en la oración. Dios no es como el juez injusto, sino un Padre que escucha a sus hijos con amor.

Este evangelio nos invita a:

- **Orar sin desanimarnos**, confiando en que Dios siempre nos escucha.

- **Poner nuestra fe en Dios**, incluso cuando las respuestas no llegan de inmediato.

- **Tener paciencia y confiar en el tiempo de Dios**, que siempre es perfecto.

ORACIÓN

Señor, enséñame a orar con perseverancia y confianza. Ayúdame a esperar en Ti con fe inquebrantable. **Amén.**

PARA MEDITAR

¿Soy constante en mi oración o me desanimo fácilmente?

_____
_____
_____
_____
_____
_____
_____
_____
_____

Domingo, 26 de octubre de 2025
Lucas 18, 9-14
El publicano bajó a su casa justificado, y el fariseo no

Jesús contó esta parábola a algunos que confiaban en su propia justicia y despreciaban a los demás:

«Dos hombres subieron al templo a orar. Uno era fariseo y el otro, publicano.

El fariseo, de pie, oraba en su interior:

"Oh Dios, te doy gracias porque no soy como los demás hombres: ladrones, injustos, adúlteros; ni tampoco como este publicano. Ayuno dos veces por semana y pago el diezmo de todo lo que poseo."

En cambio, el publicano, quedándose a distancia, ni siquiera se atrevía a levantar los ojos al cielo. Solo se golpeaba el pecho, diciendo:

"Oh Dios, ten compasión de este pecador."

Os aseguro que este último volvió a su casa justificado, y no el otro. Porque todo el que se engrandece será humillado, y el que se humilla será engrandecido.»

REFLEXIÓN

Jesús nos presenta la parábola del fariseo y el publicano, contrastando la actitud de autosuficiencia con la humildad. Dios no mira las apariencias, sino el corazón.

Este evangelio nos invita a:

- **Orar con humildad**, reconociendo que todo lo que somos y tenemos viene de Dios.

- **Evitar la soberbia espiritual**, que nos hace sentir mejores que los demás.

- **Confiar en la misericordia de Dios**, acercándonos a Él con sinceridad.

ORACIÓN

Señor, dame un corazón humilde y sincero. Ayúdame a acercarme a Ti con confianza y a no juzgar a los demás. **Amén.**

PARA MEDITAR

¿Mi oración refleja humildad o me comparo con los demás?

_____
_____
_____
_____
_____
_____
_____
_____
_____

Mi Encuentro con Dios Este Mes

"Vayan por todo el mundo y anuncien la Buena Nueva." (Marcos 16:15)

¿Qué evangelio me impactó más este mes y por qué?

_____
_____
_____
_____

¿Cómo he sentido la presencia de Dios en mi vida durante este mes?

_____
_____
_____
_____

¿Qué propósito espiritual quiero establecer para el próximo mes?

_____
_____
_____
_____

Mis pensamientos y agradecimientos:

_____
_____
_____
_____
_____
_____

"Señor, acuérdate de mí cuando estés en tu Reino" (Lc 23,42). Jesús reina desde la cruz con amor y misericordia. Su Reino no es de poder, sino de servicio y entrega total.

NOVIEMBRE

CRISTO REY DEL UNIVERSO

¿Has pensado en la vida eterna que Dios tiene preparada para ti? Noviembre es un mes especial para reflexionar sobre el misterio de la vida y la muerte, y para recordar que nuestra verdadera patria está en el cielo. Comienza con dos grandes celebraciones: la **Solemnidad de Todos los Santos** (1 de noviembre), que honra a aquellos que ya gozan de la presencia de Dios, y el **Día de los Fieles Difuntos** (2 de noviembre), en el que oramos por aquellos que aún necesitan nuestra intercesión para alcanzar la plenitud en el cielo.

La liturgia de este mes nos llama a vivir con esperanza y a preparar nuestro corazón para el encuentro con Dios. Las lecturas nos recuerdan que el juicio final no es motivo de temor, sino una invitación a vivir cada día con propósito y amor. Jesús, en Su infinita misericordia, nos invita a confiar en Él, quien nos guía hacia la vida eterna.

Noviembre también marca el cierre del año litúrgico con la **Solemnidad de Jesucristo, Rey del Universo**. En esta celebración, reconocemos a Cristo como el centro de nuestra vida y de toda la creación. Es un momento para renovar nuestra entrega a Su Reino, que no se basa en el poder terrenal, sino en el amor y la verdad.

Preguntas para Reflexión:

- ¿Estoy viviendo con la esperanza de la vida eterna en mi corazón?

- ¿Cómo puedo honrar la memoria de los que han partido, orando y haciendo obras de misericordia en su nombre?

- ¿Qué significa para mí proclamar a Cristo como Rey de mi vida?

Propósito del Mes: Que este noviembre sea un tiempo para recordar con gratitud a quienes han sido parte de tu vida, vivir con la mirada puesta en la eternidad y renovar tu confianza en de Cristo.

CALENDARIO LITÚRGICO – NOVIEMBRE 2025

Domingo	Lunes	Martes	Miércoles	Jueves	Viernes	Sábado
						1 Todos los Santos
2 Conmemoración de los Fieles Difuntos	3 San Martín de Porres, religioso	4 San Carlos Borromeo, obispo	5	6	7 María, Madre y Mediadora de la Gracia	8
9 Dedicación de la Basílica de Letrán	10 San León Magno, papa y doctor	11 San Martín de Tours, obispo	12 San Josafat, obispo y mártir	13 Santa Francisca Javier Cabrini, virgen	14	15 San Alberto Magno, obispo y doctor
16 Santa Margarita de Escocia y Santa Gertrudis la Grande, virgen	17 Santos Roque González, Alfonso Rodríguez y Juan del Castillo, mártires	18 Dedicación de las Basílicas de San Pedro y San Pablo, apóstoles	19	20	21 Presentación de la Santísima Virgen María	22 Santa Cecilia, virgen y mártir
23 Cristo Rey del Universo	24 San Andrés Dung-Lac y compañeros mártires	25 Santa Catalina de Alejandría	26	27	28	29
30 San Andrés, apóstol						

Intención del Papa para noviembre

Por los Enfermos y Quienes los Cuidan

En noviembre, el Papa nos invita a dirigir nuestra oración hacia quienes enfrentan el sufrimiento físico, mental o espiritual, y hacia las personas que los acompañan con dedicación y amor. Esta intención nos recuerda que los enfermos no solo necesitan tratamientos médicos, sino también nuestra cercanía, escucha y esperanza.

El sufrimiento es un misterio que Cristo asumió en la cruz. Como seguidores de Jesús, estamos llamados a ser un reflejo de Su compasión, llevando consuelo y apoyo a quienes lo necesitan. Este mes es una oportunidad para valorar el trabajo de los cuidadores y para ser testigos del amor de Dios, especialmente en los momentos de mayor fragilidad.

Texto Oficial de la Intención:

"Oremos para que los enfermos y quienes los cuidan experimenten el consuelo y la presencia amorosa de Dios en sus vidas."

Espacio para Reflexión Personal:

- ¿Cómo puedo estar más presente para las personas enfermas en mi entorno?

- ¿De qué manera puedo apoyar y agradecer a los cuidadores que acompañan a quienes sufren?

- ¿Qué significa para mí ser un reflejo de la misericordia de Dios en momentos de fragilidad?

Escribe tus reflexiones aquí:

_____
_____
_____
_____
_____
_____
_____
_____
_____
_____
_____
_____
_____
_____
_____
_____
_____
_____
_____
_____
_____
_____
_____
_____

Este mes, además de orar, considera visitar a un enfermo, escribir un mensaje de apoyo o ayudar a quienes cuidan de los demás. Tus gestos de amor pueden ser un bálsamo para quienes necesitan consuelo y fortaleza.

Mis Intenciones de Oración para este Mes

"No se turbe su corazón; confíen en Dios y confíen también en mí."
(Juan 14:1)

Por mi familia:

_____
_____
_____

Por mis amigos y seres queridos:

_____
_____
_____

Por mi comunidad:

_____
_____
_____

Por el mundo:

_____
_____
_____

Mis reflexiones y oraciones personales:

_____
_____
_____

EVANGELIOS DOMINICALES DE NOVIEMBRE

Domingo, 2 de noviembre de 2025
Marcos 15, 33-39; 16, 1-6
La muerte y resurrección de Jesús

Al llegar el mediodía, toda la región quedó en tinieblas hasta la media tarde. Entonces Jesús exclamó con voz potente:

«Elí, Elí, ¿lama sabactani?»
(Que significa: «Dios mío, Dios mío, ¿por qué me has abandonado?»)

Algunos de los presentes, al oírlo, decían: «Mira, está llamando a Elías.» Uno corrió, empapó una esponja en vinagre, la sujetó a una caña y le ofreció de beber, diciendo: «Dejad, a ver si viene Elías a bajarlo.»

Jesús dio un fuerte grito y expiró.

El velo del templo se rasgó en dos, de arriba abajo. El centurión que estaba frente a él, al ver cómo había muerto, dijo:

«Verdaderamente, este hombre era Hijo de Dios.»

Pasado el sábado, María Magdalena, María la de Santiago y Salomé compraron perfumes para ungir el cuerpo de Jesús. Muy temprano, el primer día de la semana, al amanecer, fueron al sepulcro. Se decían entre sí:

«¿Quién nos quitará la piedra de la entrada del sepulcro?»

Pero al mirar, vieron que la piedra había sido removida, a pesar de ser muy grande. Entraron al sepulcro y vieron a un joven sentado a la derecha, vestido de blanco. Se llenaron de temor.

Él les dijo:

«No tengáis miedo. ¿Buscáis a Jesús el Nazareno, el crucificado? No está aquí. Ha resucitado. Mirad el lugar donde lo pusieron.»

REFLEXIÓN

Hoy recordamos a nuestros seres queridos que han partido al encuentro con Dios. El evangelio nos lleva al momento de la muerte y resurrección de Jesús, la mayor esperanza para quienes creemos en la vida eterna.

Este evangelio nos invita a:

- **Confiar en la resurrección**, sabiendo que la muerte no es el final.

- **Encomendar a nuestros difuntos a la misericordia de Dios**, con amor y oración.

- **Vivir con esperanza y fe**, preparándonos cada día para el encuentro con el Señor.

ORACIÓN

Señor, en tus manos están aquellos que amamos y han partido. Concédeles el descanso eterno y danos la paz de confiar en tu promesa de vida. **Amén.**

PARA MEDITAR

¿Cómo vivo mi fe en la resurrección y la vida eterna?

_____
_____
_____
_____
_____
_____
_____
_____
_____
_____

Domingo, 9 de noviembre de 2025
Lucas 20, 27-38
Dios es un Dios de vivos, no de muertos

Unos saduceos, que negaban la resurrección, se acercaron a Jesús y le preguntaron:

«Maestro, Moisés nos dejó escrito que si un hombre muere sin dejar hijos, su hermano debe casarse con la viuda para darle descendencia. Ahora bien, había siete hermanos: el primero se casó y murió sin dejar hijos; lo mismo el segundo y el tercero, hasta el séptimo. Finalmente, murió también la mujer. En la resurrección, ¿de cuál de ellos será esposa, si los siete estuvieron casados con ella?»

Jesús les respondió:

«En este mundo, hombres y mujeres se casan, pero los que sean dignos de alcanzar la vida futura y la resurrección ya no se casarán, porque serán como ángeles e hijos de Dios, participando en la resurrección.

Y que los muertos resucitan, lo prueba el mismo Moisés en el pasaje de la zarza, cuando llama al Señor "Dios de Abrahán, Dios de Isaac, Dios de Jacob".

Dios no es un Dios de muertos, sino de vivos, porque para Él todos están vivos.»

REFLEXIÓN

Los saduceos cuestionan a Jesús sobre la resurrección, pero Él les muestra que Dios es un Dios de vivos, no de muertos. Nuestra vida no termina en este mundo, sino que se transforma en la eternidad con Él.

Este evangelio nos invita a:

- **Confiar en la promesa de la vida eterna**, sabiendo que Dios nos llama a vivir con Él para siempre.

- **No aferrarnos solo a lo terrenal**, sino buscar lo que permanece para siempre.

- **Tener una fe firme en Dios**, que nos sostiene más allá de la muerte.

ORACIÓN

Señor, ayúdame a confiar en la vida eterna y a vivir con el deseo de encontrarte un día en tu gloria. **Amén.**

PARA MEDITAR

¿Estoy viviendo con la mirada puesta en la vida eterna o solo en lo pasajero?

_____

_____

_____

_____

_____

_____

_____

_____

_____

Domingo, 16 de noviembre de 2025
Lucas 21, 5-19
Con vuestra perseverancia salvaréis vuestra vida

Algunos admiraban la belleza del templo, la calidad de sus piedras y sus ofrendas. Entonces Jesús les dijo:

«Llegará un día en que no quedará piedra sobre piedra; todo será destruido.»

Ellos preguntaron:

«Maestro, ¿cuándo sucederá esto? ¿Cuál será la señal de que está por ocurrir?»

Jesús respondió:

«Tened cuidado de que nadie os engañe. Muchos vendrán en mi nombre diciendo: "Yo soy" o "El momento está cerca." No los sigáis.

Cuando oigáis hablar de guerras y revueltas, no os alarméis. Es necesario que esto ocurra primero, pero el final no será inmediato.

Se levantará nación contra nación y reino contra reino. Habrá grandes terremotos, hambre y epidemias en diversos lugares, y también señales aterradoras en el cielo.

Pero antes de todo esto, os perseguirán, os entregarán a las sinagogas y a la cárcel, y os llevarán ante reyes y gobernadores por causa mía.

Así tendréis la oportunidad de dar testimonio.

No os preocupéis por vuestra defensa, porque yo mismo os daré palabras y sabiduría que vuestros adversarios no podrán contradecir.

Seréis traicionados incluso por vuestros propios familiares y amigos. Algunos de vosotros seréis entregados a la muerte.

Todos os odiarán por causa mía, pero ni un solo cabello de vuestra cabeza perecerá.

Con vuestra perseverancia, salvaréis vuestra vida.»

REFLEXIÓN

Jesús nos habla de tiempos difíciles y de pruebas, pero también nos da una certeza: quien persevere hasta el final, se salvará. No estamos solos, Dios está con nosotros en medio de cualquier dificultad.

Este evangelio nos invita a:

- **Confiar en Dios en los momentos difíciles**, sabiendo que Él nunca nos abandona.

- **Perseverar en la fe**, incluso cuando enfrentamos pruebas y adversidades.

- **Vivir con esperanza**, recordando que Dios tiene la última palabra.

ORACIÓN

Señor, dame la fuerza para perseverar en la fe, aun en los momentos de prueba. Confío en que Tú sostienes mi vida. **Amén.**

PARA MEDITAR

¿Cómo puedo fortalecer mi fe en los tiempos difíciles?

_____
_____
_____
_____
_____
_____
_____
_____
_____

Domingo, 23 de noviembre de 2025
Lucas 23, 35-43
Señor, acuérdate de mí cuando llegues a tu Reino

Mientras Jesús estaba en la cruz, las autoridades se burlaban de él, diciendo:

«A otros ha salvado, que se salve a sí mismo si es el Mesías de Dios, el Elegido.»

También los soldados se burlaban de él. Le ofrecían vinagre y le decían:

«Si eres el rey de los judíos, sálvate a ti mismo.»

Sobre su cabeza había un letrero con la inscripción: «Este es el rey de los judíos.»

Uno de los malhechores crucificados junto a él lo insultaba:

«¿No eres tú el Mesías? Sálvate a ti mismo y a nosotros.»

Pero el otro lo reprendió:

«¿Ni siquiera temes a Dios, estando en el mismo castigo? Nosotros merecemos este destino por lo que hicimos, pero este hombre no ha hecho nada malo.»

Luego dijo:

«Jesús, acuérdate de mí cuando llegues a tu Reino.»

Jesús le respondió:

«Te aseguro que hoy estarás conmigo en el paraíso.»

REFLEXIÓN

Jesús, en la cruz, es proclamado Rey. Su reinado no es de poder humano, sino de amor, entrega y misericordia. El buen ladrón reconoce su realeza y recibe la promesa del paraíso.

Este evangelio nos invita a:

- **Reconocer a Jesús como nuestro Rey**, entregándole nuestra vida.

- **Confiar en su misericordia**, como el buen ladrón que fue acogido por Él.

- **Imitar a Cristo en su amor y servicio**, viviendo según los valores de su Reino.

ORACIÓN

Jesús, Rey del Universo, reina en mi corazón y en mi vida. Enséñame a vivir según tu amor y tu verdad. **Amén.**

PARA MEDITAR

¿Reconozco a Jesús como el Rey de mi vida y actúo según su enseñanza?

_____
_____
_____
_____
_____
_____
_____
_____
_____
_____

Domingo, 30 de noviembre de 2025
Mateo 24, 37-44
Estad en vela, porque no sabéis cuándo vendrá el Señor

Jesús dijo a sus discípulos:

«Cuando venga el Hijo del Hombre, sucederá como en los días de Noé.

Antes del diluvio, la gente comía, bebía y se casaba hasta el día en que Noé entró en el arca.

Y cuando menos lo esperaban, llegó el diluvio y se los llevó a todos.

Así será también cuando venga el Hijo del Hombre:

Dos hombres estarán en el campo: a uno se lo llevarán y al otro lo dejarán.

Dos mujeres estarán moliendo: a una se la llevarán y a otra la dejarán.

Por tanto, estad en vela, porque no sabéis qué día vendrá vuestro Señor.

Comprended que si el dueño de casa supiera a qué hora de la noche viene el ladrón, estaría en vela y no permitiría que entraran en su casa.

Por eso, estad también vosotros preparados, porque el Hijo del Hombre vendrá a la hora menos esperada.»

REFLEXIÓN

Comenzamos el Adviento con un llamado a la vigilancia. Jesús nos recuerda que debemos estar preparados, porque su venida puede sorprendernos. Nos invita a vivir con el corazón despierto y listo para su llegada.

Este evangelio nos invita a:

- **Vivir con vigilancia y esperanza**, sin distraernos con lo superficial.

- **Prepararnos para la venida del Señor**, con una vida de oración y conversión.

- **Mantenernos firmes en la fe**, confiando en que Dios cumple sus promesas.

ORACIÓN

Señor, ayúdame a estar siempre preparado para tu venida. Que mi corazón permanezca despierto y lleno de tu amor. **Amén.**

PARA MEDITAR

¿Qué cambios necesito hacer en mi vida para estar listo para el encuentro con Dios?

_____
_____
_____
_____
_____
_____
_____
_____
_____
_____

Mi Encuentro con Dios Este Mes

"El que cree en mí tiene vida eterna." (Juan 6:47)

¿Qué evangelio me impactó más este mes y por qué?

_____

_____

_____

_____

¿Cómo he sentido la presencia de Dios en mi vida durante este mes?

_____

_____

_____

_____

¿Qué propósito espiritual quiero establecer para el próximo mes?

_____

_____

_____

_____

Mis pensamientos y agradecimientos:

_____

_____

_____

_____

_____

"Hoy les ha nacido un Salvador" (Lc 2,11). Dios se hace pequeño para estar con nosotros. En la sencillez del pesebre encontramos la grandeza de su amor. Abramos nuestro corazón al Niño Dios.

DICIEMBRE

EL NACIMIENTO DE JESÚS

¿Te has detenido a contemplar el misterio de un Dios que se hace pequeño para habitar entre nosotros? Diciembre nos llena de esperanza y alegría al recordar que Jesús, el Hijo de Dios, vino al mundo para salvarnos. Este mes, marcado por el **Adviento** y la **Navidad**, nos invita a prepararnos espiritualmente para recibir al Emmanuel: "Dios con nosotros".

El **Adviento**, que comienza en los últimos días de noviembre y se extiende hasta la víspera de Navidad, es un tiempo de espera activa y gozosa. Las lecturas de este tiempo nos llaman a estar vigilantes, a renovar nuestro corazón y a preparar el camino para el Señor. Es un momento para reflexionar sobre Su venida hace más de dos mil años, Su presencia en nuestra vida diaria y Su regreso glorioso al final de los tiempos.

La celebración de la **Natividad del Señor** (25 de diciembre) nos recuerda que Dios eligió hacerse uno de nosotros, naciendo en la humildad de un pesebre, para mostrarnos Su amor incondicional. Este acontecimiento transforma nuestras vidas y nos llena de la paz que solo Cristo puede dar.

Preguntas para Reflexión:

- ¿Estoy abriendo mi corazón para que Cristo nazca en él esta Navidad?

- ¿Cómo puedo vivir el Adviento con un espíritu de vigilancia y esperanza?

- ¿De qué manera puedo llevar el mensaje de alegría y amor de la Navidad a quienes me rodean?

Propósito del Mes: Que este diciembre sea un tiempo para acoger a Cristo con humildad y gratitud, renovando tu esperanza en Su promesa de salvación. Vive el Adviento con un corazón vigilante y deja que el gozo de la Navidad transforme tu vida, llevándote a ser luz para los demás.

CALENDARIO LITÚRGICO – DICIEMBRE 2025

Domingo	Lunes	Martes	Miércoles	Jueves	Viernes	Sábado
	1	2	3 San Francisco Javier, presbítero	4 San Juan Damasceno, presbítero y doctor	5	6 San Nicolás, obispo
7 San Ambrosio, obispo y doctor	8 Inmaculada Concepción de la Virgen María	9 San Juan Diego	10	11 San Dámaso I, papa	12 Nuestra Señora de Guadalupe	13 Santa Lucía, virgen y mártir
14 San Juan de la Cruz, presbítero y doctor	15	16	17	18	19	20
21 San Pedro Canisio, presbítero y doctor	22	23 San Juan de Kety, presbítero	24	25 Natividad del Señor	26 San Esteban, protomártir	27 San Juan, apóstol y evangelista
28 Santos Inocentes, mártires	29 Santo Tomás Becket, obispo y mártir	30 Octava de Navidad	31 San Silvestre I, papa			

Intención del Papa para diciembre

Por los Niños y las Familias

En diciembre, el Papa nos invita a orar especialmente por los niños, recordándonos que ellos son el reflejo de la inocencia, la esperanza y el futuro del mundo. Este mes, en el que celebramos la **Natividad del Señor**, la imagen del Niño Jesús nos inspira a proteger, cuidar y acompañar a los más pequeños, especialmente a aquellos que enfrentan dificultades, como la pobreza, el abandono o la violencia.

La familia, como lugar donde se cultivan los valores y el amor, necesita también nuestro apoyo y oración. En un mundo donde muchas familias enfrentan desafíos, estamos llamados a ser promotores de unidad, reconciliación y paz en nuestros hogares y comunidades.

Texto Oficial de la Intención:

"Oremos para que los niños del mundo crezcan en un entorno de amor y seguridad, y que las familias sean apoyadas en su misión de educar y proteger a las nuevas generaciones."

Espacio para Reflexión Personal:

- ¿Qué puedo hacer para que los niños en mi entorno se sientan valorados y amados?

- ¿Cómo puedo apoyar a las familias que enfrentan dificultades?

- ¿De qué manera puedo promover la paz y la unidad en mi propio hogar?

Escribe tus reflexiones aquí:

_____
_____
_____
_____
_____
_____
_____
_____
_____
_____
_____
_____
_____
_____
_____
_____
_____
_____
_____
_____
_____
_____

Este mes, además de orar, busca oportunidades para alegrar la vida de los niños y las familias en tu comunidad. Puedes participar en campañas navideñas, ofrecer tu tiempo como voluntario o simplemente compartir un gesto de amor con quienes lo necesitan. Recuerda que cada acto de bondad refleja el amor del Niño Jesús, nacido en Belén para salvarnos.

Mis Intenciones de Oración para este Mes

"Gloria a Dios en el cielo, y en la tierra paz a los hombres que ama el Señor." (Lucas 2:14)

Por mi familia:

_____

_____

_____

Por mis amigos y seres queridos:

_____

_____

_____

Por mi comunidad:

_____

_____

_____

Por el mundo:

_____

_____

_____

Mis reflexiones y oraciones personales:

_____

_____

_____

EVANGELIOS DOMINICALES DE DICIEMBRE

Domingo, 7 de diciembre de 2025
Mateo 3, 1-12
Juan Bautista llama a la conversión

Por aquel tiempo, Juan el Bautista apareció en el desierto de Judea proclamando:

«Convertíos, porque el Reino de los cielos está cerca.»

De él habló el profeta Isaías cuando dijo:

«Una voz clama en el desierto: Preparad el camino del Señor, allanad sus senderos.»

Juan vestía con piel de camello, llevaba un cinturón de cuero y se alimentaba de langostas y miel silvestre.

De Jerusalén, de toda Judea y del valle del Jordán, la gente acudía a él, confesaba sus pecados y él los bautizaba en el río Jordán.

Cuando vio que muchos fariseos y saduceos venían a bautizarse, les dijo:

«¡Raza de víboras! ¿Quién os ha enseñado a huir del castigo que se acerca?

Dad frutos que demuestren vuestra conversión y no os confiéis diciendo: "Tenemos por padre a Abrahán."

Porque os digo que Dios puede sacar hijos de Abrahán incluso de estas piedras.

El hacha ya está puesta a la raíz de los árboles, y todo árbol que no dé buen fruto será cortado y arrojado al fuego.

Yo os bautizo con agua para el arrepentimiento, pero el que viene después de mí es más poderoso que yo, y no soy digno de desatarle las sandalias.

Él os bautizará con el Espíritu Santo y con fuego.

Tiene el bieldo en la mano: limpiará su era, recogerá su trigo en el granero y quemará la paja con fuego que no se apaga.»

REFLEXIÓN

Juan el Bautista nos llama a la conversión, preparándonos para la venida del Señor. Su mensaje es claro: hay que enderezar los caminos y dar frutos de arrepentimiento.

Este evangelio nos invita a:

- **Preparar nuestro corazón para recibir a Jesús**, eliminando todo lo que nos aleja de Él.

- **Vivir una verdadera conversión**, reflejada en nuestras acciones diarias.

- **Acoger la gracia de Dios**, que nos transforma y nos renueva.

ORACIÓN

Señor, ayúdame a preparar mi corazón para tu venida. Que mi vida refleje el amor y la conversión que Tú deseas. **Amén.**

PARA MEDITAR

¿Qué cambios necesito hacer para preparar mi corazón para Jesús?

_____
_____
_____
_____
_____
_____
_____
_____
_____

Domingo, 14 de diciembre de 2025
Mateo 11, 2-11
¿Eres tú el que ha de venir o debemos esperar a otro?

Juan, que estaba en la cárcel, oyó hablar de las obras de Cristo y envió a sus discípulos a preguntarle:

«¿Eres tú el que ha de venir o debemos esperar a otro?»

Jesús les respondió:

«Id y contadle a Juan lo que estáis viendo y oyendo:

Los ciegos ven, los cojos caminan, los leprosos quedan limpios y los sordos oyen.

Los muertos resucitan y a los pobres se les anuncia la Buena Noticia.

¡Dichoso el que no se escandalice de mí!»

Cuando los discípulos de Juan se fueron, Jesús comenzó a hablar a la multitud acerca de él:

«¿Qué salisteis a ver en el desierto? ¿Una caña sacudida por el viento?

¿Qué salisteis a ver? ¿A un hombre vestido con lujo?

Los que visten con lujo viven en los palacios.

Entonces, ¿a qué salisteis?, ¿a ver un profeta?

Sí, os digo, y más que profeta.

De él está escrito:

"Yo envío a mi mensajero delante de ti,
para que prepare tu camino."

Os aseguro que no ha nacido de mujer nadie más grande que Juan el Bautista, pero el más pequeño en el Reino de los cielos es más grande que él.»

REFLEXIÓN

Juan el Bautista, desde la prisión, envía a preguntar si Jesús es el Mesías. Jesús responde con las señales de su amor: los ciegos ven, los cojos caminan, los pobres reciben la Buena Noticia.

Este evangelio nos invita a:

- **Confiar en Jesús como nuestro Salvador**, incluso en los momentos de duda.

- **Alegrarnos en la esperanza**, sabiendo que Dios cumple sus promesas.

- **Reconocer las obras de Dios en nuestra vida**, viendo su amor en cada detalle.

ORACIÓN

Señor, ayúdame a ver las señales de tu amor en mi vida. Llena mi corazón de la alegría que viene de Ti. **Amén.**

PARA MEDITAR

¿Soy capaz de reconocer la presencia de Dios en mi vida diaria?

_____
_____
_____
_____
_____
_____
_____
_____
_____
_____

Domingo, 21 de diciembre de 2025
Mateo 1, 18-24
Jesús nacerá de María, desposada con José, hijo de David

El nacimiento de Jesucristo fue así:

María, su madre, estaba comprometida con José,

pero antes de que vivieran juntos, quedó embarazada por obra del Espíritu Santo.

José, su esposo, que era un hombre justo y no quería exponerla públicamente, decidió separarse de ella en secreto.

Mientras pensaba en esto, un ángel del Señor se le apareció en sueños y le dijo:

«José, hijo de David, no temas recibir a María como esposa,

porque lo que ha sido engendrado en ella es obra del Espíritu Santo.

Dará a luz un hijo, y tú le pondrás por nombre Jesús,

porque él salvará a su pueblo de sus pecados.»

Todo esto sucedió para que se cumpliera lo que el Señor había dicho por el profeta:

«Mirad, la virgen concebirá y dará a luz un hijo,

y le pondrán por nombre Emmanuel, que significa "Dios con nosotros".»

Cuando José despertó, hizo lo que el ángel del Señor le había indicado y recibió a María como esposa.

REFLEXIÓN

José recibe la noticia del nacimiento de Jesús en un sueño y, confiando en Dios, acepta su misión. Su ejemplo nos enseña a escuchar y obedecer la voz del Señor con fe.

Este evangelio nos invita a:

- **Confiar en los planes de Dios**, aun cuando no los comprendamos del todo.

- **Ser dóciles a la voluntad divina**, como lo fue San José.

- **Prepararnos para recibir a Jesús**, con un corazón abierto y generoso.

ORACIÓN

Señor, dame la fe y la obediencia de San José para seguir tus caminos con confianza. **Amén.**

PARA MEDITAR

¿Estoy dispuesto a aceptar la voluntad de Dios en mi vida con fe y confianza?

_____
_____
_____
_____
_____
_____
_____
_____
_____
_____

Domingo, 28 de diciembre de 2025
Mateo 2,13-15.19-23
José huye con María y el niño Jesús a Egipto

Después de la partida de los magos, el ángel del Señor se apareció en sueños a José y le dijo: «Levántate, toma al niño y a su madre y huye a Egipto. Quédate allí hasta que yo te avise, porque Herodes buscará al niño para matarlo.»

José obedeció de inmediato: tomó al niño y a su madre en plena noche y partió hacia Egipto, donde permaneció hasta la muerte de Herodes. Así se cumplió lo anunciado por el Señor a través del profeta: «De Egipto llamé a mi hijo.»

Cuando Herodes murió, el ángel del Señor volvió a aparecerse en sueños a José en Egipto y le dijo: «Levántate, toma al niño y a su madre y regresa a la tierra de Israel, porque ya han muerto los que querían acabar con la vida del niño.»

José se levantó, tomó al niño y a su madre y regresó a Israel. Sin embargo, al enterarse de que Arquelao gobernaba en Judea en lugar de su padre Herodes, sintió temor de establecerse allí. Entonces, advertido en sueños, se trasladó a Galilea y se estableció en un pueblo llamado Nazaret. Así se cumplió lo anunciado por los profetas: «Será llamado nazareno.»

REFLEXIÓN

José, María y Jesús nos enseñan el valor de la familia, el amor y la protección mutua. A pesar de las dificultades, confían en Dios y siguen adelante unidos.

Este evangelio nos invita a:

- **Proteger y valorar nuestra familia**, como un regalo de Dios.

- **Confiar en la providencia de Dios**, aun en tiempos de incertidumbre.

- **Seguir el ejemplo de la Sagrada Familia**, viviendo en amor y fe.

ORACIÓN

Señor, bendice mi familia y ayúdanos a vivir en unidad, amor y confianza en Ti. **Amén.**

PARA MEDITAR

¿Cómo puedo fortalecer el amor y la fe dentro de mi familia?

_____
_____
_____
_____
_____
_____
_____
_____
_____
_____

Mi Encuentro con Dios Este Mes

"Y la Palabra se hizo carne y habitó entre nosotros." (Juan 1:14)

¿Qué evangelio me impactó más este mes y por qué?

_____

_____

_____

_____

¿Cómo he sentido la presencia de Dios en mi vida durante este mes?

_____

_____

_____

_____

¿Qué propósito espiritual quiero establecer para el próximo mes?

_____

_____

_____

_____

Mis pensamientos y agradecimientos:

_____

_____

_____

_____

_____

EXPLORA MÁS RECURSOS INSPIRADORES

✣

Calendario Católico 2025: Un Año con Dios - Planificador con Inspiración, Fe y Devoción

Transforma tu 2025 en un año lleno de propósito, organización y fe con el "Calendario y Planificador Católico 2025: Un Año con Dios." Este calendario es un planificador espiritual diseñado para ayudarte a mantenerte conectado con Dios mientras alcanzas tus metas y reflexionas sobre tu camino espiritual.

VE
INSPIRA

Adquiérelo en Amazon.com o en VEinspira.com

Evangelios del domingo 2025 para niños - Explicados y meditados

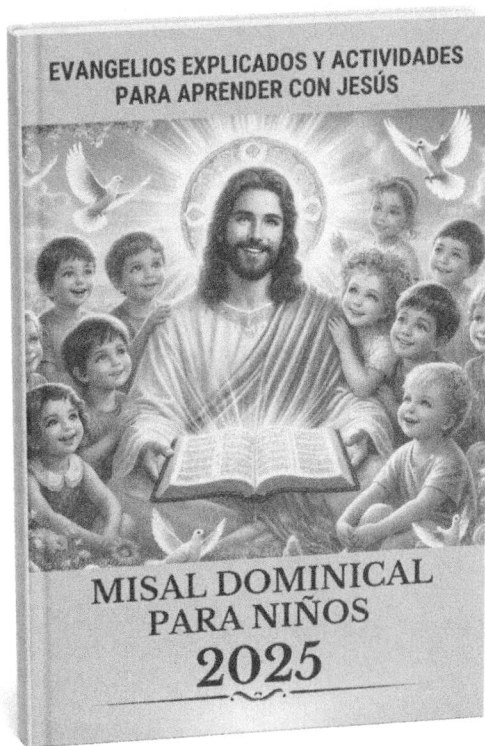

Descubre la serie 5 Minutos de Oración

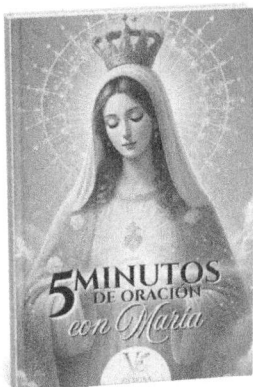

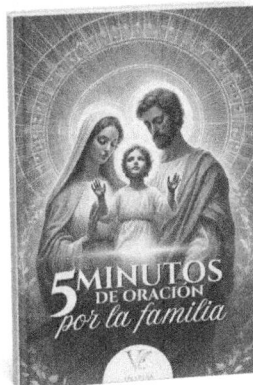

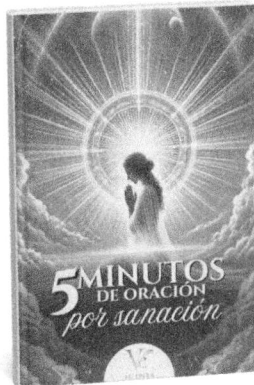

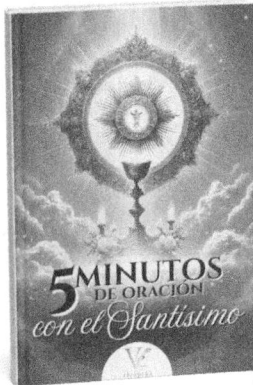

Oraciones para Semana Santa 2025

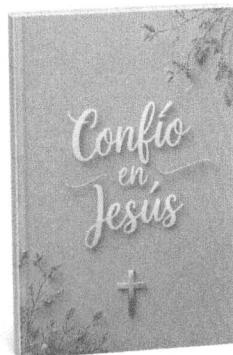

Oraciones para el Jubileo 2025 - Guía Espiritual para el Año Santo

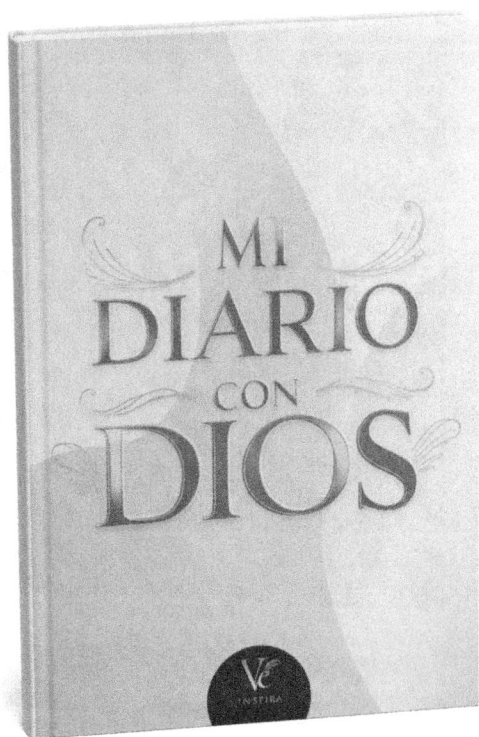

Diario de fe - Reflexiona, documenta y fortalece tu caminar espiritual

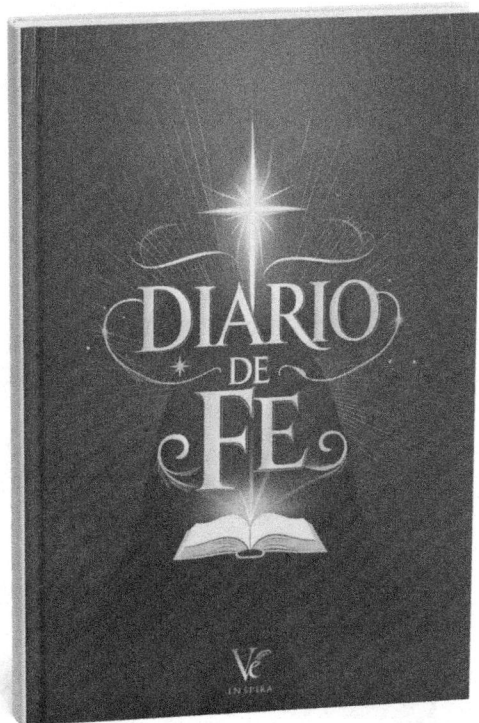

5 Minutos de Oración por mis Finanzas - Transforma tu economía con fe

Este libro de oración está diseñado para quienes desean fortalecer su fe en el área financiera. A través de reflexiones inspiradoras y oraciones diarias, descubrirás cómo alinear tu vida económica con los principios de Dios, confiando en Su providencia y sabiduría.

5 Minutos de Oración para la noche - Descanso y confianza en Dios antes de dormir

INSPÍRATE EN NUESTRA TIENDA ONLINE

Made in the USA
Las Vegas, NV
10 June 2025

23458661R00144